明室
Lucida

照亮阅读的人

从零开始的女性主义

[日]上野千鹤子 田房永子 著
吕灵芝 译

北京联合出版公司

前言　田房永子

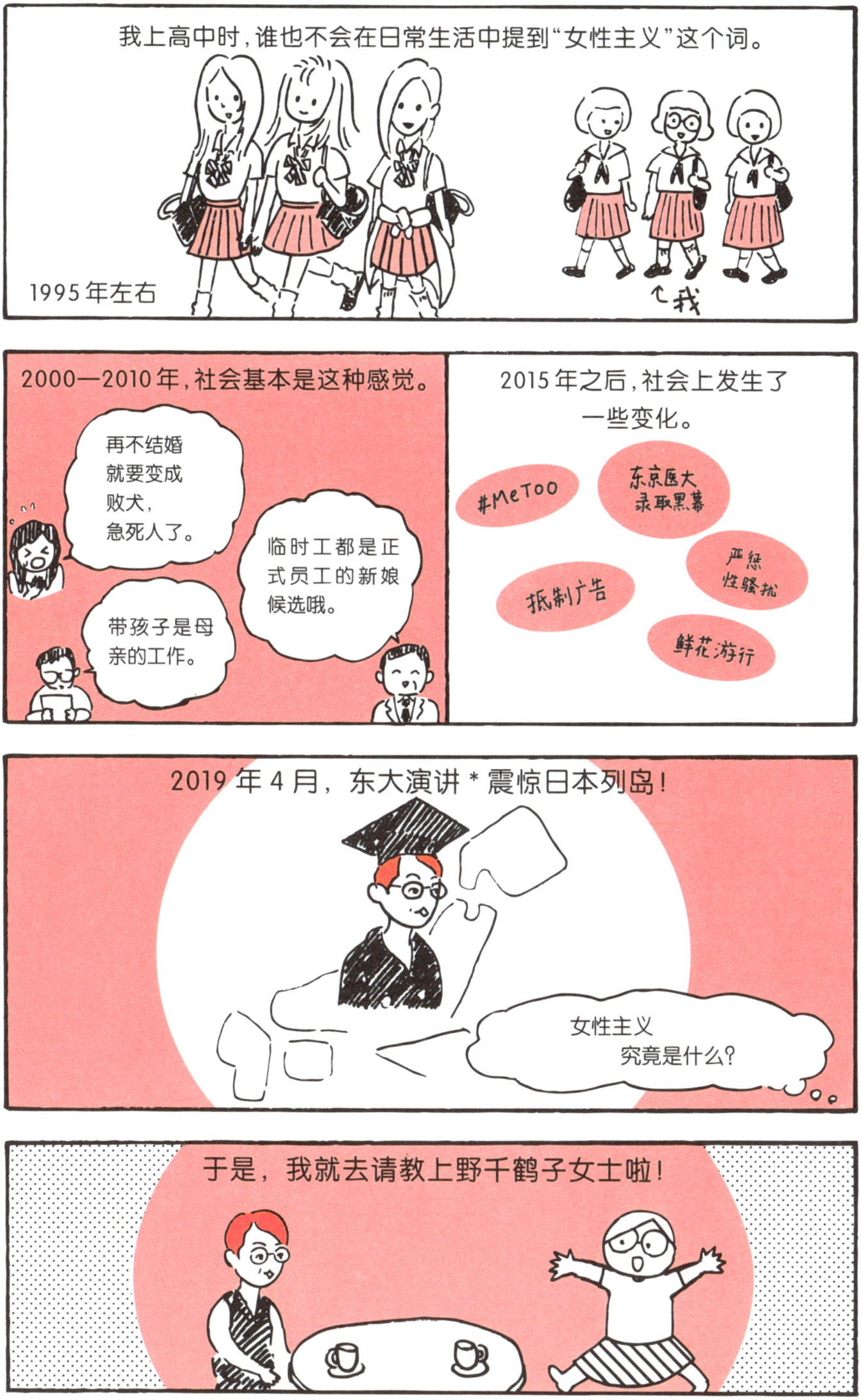

*参见P071注释

目 录

第一章　女人为何如此艰难？

- 母亲的两条建议："一定要工作""先结婚再生孩子"..................003
- 婴儿潮母亲与失落的一代女儿，价值观的矛盾..................008
- 20世纪60年代的大学斗争。母亲在干什么？上野千鹤子呢？..................011
- 她为何成为毒母？..................016
- 如何打断母亲传向女儿的暴力连锁？..................020
- "为了你好"其实是"为了我好"..................023
- 母亲，还有母亲的母亲，女人在任何时代都无比艰难！..................026
- 婴儿潮是这样到来的..................028
- 希望得到母亲认同的母亲..................033
- 所有母亲都会施压..................036
- 隐形的婴儿潮父亲..................040
- 谁也敌不过名为母亲的女性..................042

第二章　女人曾经如何战斗？今后该如何战斗？

- 个人的即政治的..................049
- 性解放与妇女解放运动..................052
- 上野千鹤子为何成为女权主义者？..................059
- 靠牛仔裤夺回了性主体权？！..................062

- ◆ A面与B面/市场与家庭 066
- ◆ 残疾人人权运动与女性主义。反优生保护法恶改运动 071
- ◆ 职业女性与家庭主妇的割裂应该怪谁？ 075
- ◆ "活动主妇"的斗争方式 077
- ◆ 免费幼保割裂女性 079

第三章　认真思考婚姻·恋爱·育儿

- ◆ 将战场转移到日常生活中的女性 089
- ◆ "一人一杀"。从家庭开始改变社会！ 091
- ◆ 男性不会主动改变是因为坐享"男性既得利益" 095
- ◆ 婚姻、恋爱，不可小看！ 097
- ◆ 经过半个世纪，女性的结婚意愿改变了？ 101
- ◆ 女性职员从"新娘候选"变成"战斗力" 103
- ◆ 生孩子是父母的利己行为 106
- ◆ 一切的不重视都会影响孩子 109
- ◆ 强行干涉孩子却不打扰丈夫的妻子，逃离妻子的丈夫 111
- ◆ 如果不保持缜密的交涉，夫妻关系就不会改变 113

第四章　女性主义与性主题。永别了，大叔式思维！

- ◆ 叔味浓郁?! 东大陋习?! 119
- ◆ 以女儿母亲的身份思考"性" 121

- ◆ 歼灭大叔式思维！ 124
- ◆ 以儿子母亲的身份思考"性" 127
- ◆ "女权主义者 = 性保守"的误解 131
- ◆ 受欢迎的女人即好推倒的女人？ 133
- ◆ 我们被洗脑了太多事情！ 136
- ◆ 儿童动漫中不断蔓延的男女不匹配 138
- ◆ 高潮，这就是我的革命！ 141

第五章　我是女权主义者？

- ◆ 女权主义者不受欢迎、讨人嫌、受欺负？ 149
- ◆ 就是要以抵制的方式强迫电视节目和广告吸取教训 151
- ◆ 女权主义者的形象改变了！ 154
- ◆ 男人很清楚自己的权力优势 158
- ◆ "女权主义者 = 想当男人的女人"的误解 161
- ◆ 只有女性参战才算平等？ 163
- ◆ 学校能教女性主义吗？ 165
- ◆ 战斗应激反应的问题是同性友爱的象征 169
- ◆ 女性主义是让女人坦然接受并爱上女人身份的思想 172
- ◆ 我是女权主义者！ 174

- ◆ 结语 179

对谈时间：2019 年 7 月

第一章

女人为何如此艰难?

母亲的两条建议："一定要工作""先结婚再生孩子"

上野 我正好是田房女士母亲的年龄呢。你的母亲属于婴儿潮一代，而你则是婴儿潮次世代。（参照下页图表）

田房 我母亲比上野老师大一岁。

上野 1947年出生的？如果我跟你母亲同一时期生孩子，那个孩子就跟你差不多大了。

田房 那您的孩子该有40岁左右了。

上野 田房女士读的是女校吗？

田房 是的，我读了东京的初高中连读女校。

上野 我看你性格这么耿直，就猜测是在女校环境中度过了青春期。你在学校没怎么感到过压抑吧？

田房 其实还挺压抑的。当时正值女子高中生热潮[1]，周围有很多辣妹，可是学校规定我们不能烫卷发，也不能把裙子改短。

---

[1] **女子高中生热潮**：20世纪90年代中期到末期，人们高度关注女子高中生文化的现象，也被称作"小辣妹文化"。因为歌手安室奈美惠和杂志egg的带动，当时很流行栗色头发、短裙和泡泡袜。与此同时，也出现了以获取金钱为目的的援助交际，以及随之而来的儿童卖淫、原味内衣买卖等现象，并一度成为社会问题。——若无特殊说明，本书注释皆为原注。

出生年	世代名称	青春期主要社会事件	
1935—1946 1941—1949 全共斗世代	废墟世代	◆ 教育基本法规定 男女共学 1947（P016） ◆ 朝鲜战争 1950— ◆《旧金山对日和平条约》 生效 1952	经历过"二战"后日本成为废墟的一代人。
1947—1949	婴儿潮世代	◆ 高度经济成长期 1954—1973 ◆ 越南战争 1955—1975（P015） ◆ 相亲结婚的统计数据超过恋爱结婚 20世纪60年代后半期 ◆ 东大安田讲堂事件 1969 ◆ 妇女解放运动 1970—（P049）	第一次婴儿潮（1947—1949）世代。经济评论家堺屋太一将其命名为"团块"世代。
1950—1964 1961—1970 新人类	冷漠世代	◆ 浅间山庄事件 1972 ◆ 第二次石油危机 1978 ◆ 电视剧《回忆制造》1981（P022）	与上一个世代相反，对政治漠不关心，对一切事物都很冷漠的一代人。
1965—1969	泡沫世代	◆《男女雇用机会均等法》实施 1986（P161） ◆ 泡沫经济上行 1986— ◆ 美龄论争 1987（P175） ◆ 田嶋阳子第一次出演电视节目 1990（P150） ◆ 朱莉安娜东京迪斯科舞厅 1991—1994	在泡沫经济顶峰度过青春时代的一代人。
1970—1982 1971—1974 婴儿潮次世代 1975—1982 后婴儿潮次世代	冰河期世代 （失落的一代）	◆ 泡沫经济崩溃 1991—1993 ◆ 就业冰河期 1993—2004 ◆ 安室奈美惠单曲出道、杂志 egg 创刊 1995 ◆ 阪神、淡路大地震 1995 ◆ 奥姆真理教地铁沙林毒气事件 1995	经历过泡沫经济崩溃后的就业冰河期的一代人，被称作"失落的一代"。另外，这个世代包括了婴儿潮世代的子世代，即第二次婴儿潮（1971—1974）出生的人群，也被称作"婴儿潮次世代"。
1987—1999	宽松·悟世代	◆ 东日本大地震 2011 ◆ LINE 用户超一亿人 2013 ◆ #MeToo 运动传播 2017—（P157）	接受宽松教育（2002—2012）的一代人。也因为"低欲望"的特征，被称为"悟世代"。

参考资料：长山靖生《"世代"的真相》（河出 BOOKS，2014）/ 阪本节郎、原田曜平《世代论教科书》（东洋经济新报社，2015）

第 一 章　女人为何如此艰难？

上野　就这些而已？

田房　对，就这些（笑）。其实也不是。当时的普遍观点是"痴汉防不胜防"，眼看着学生每天都被犯罪分子侵害，官方却毫不作为。反倒是老师们会对学生的裙子长度说三道四，还严禁泡泡袜。他们不仅暗示"你们的着装诱人犯罪"，甚至有的老师还大声说："你被人摸还不是因为裙子太短。"不管裙子长短，错都在于犯罪的人啊。现在仔细想想，当时真是一点女性主义教育都没有。

上野　等等，老师怪你们穿衣服？可你们穿的不是校服吗？

田房　就是啊，简直不可理喻。

上野　既然他们觉得痴汉专门对穿校服的人下手，就应该干脆取消校服。那个时代是贤妻良母教育吗？哪一年来着？

田房　20世纪90年代。可能也不是贤妻良母教育吧，因为我们学的都是"女性也要努力学习，努力工作"。不过，当时的大氛围还是"女人要保守"。

上野　是谁给你选的学校？

田房　是我母亲……（笑）

上野　啊，原来如此。那么你是考上去的？

田房　是母亲逼我考的。当时我学习带着"为家长学"的情绪，所以考到的学校不算特别好。母亲也没有逼我考明显超出我能力范围的学校。

上野　你母亲希望你上女校吗？

田房　倒也没有特别要求。

上野　但是不希望你被分到学区的学校？

田房　啊，是的。她说"公立初中很乱"。而且，我母亲也是初高中连读的女校毕业,所以这可能也是原因之一。

上野 你母亲也是东京人?

田房 是的。当时是外婆让她去考的。

上野 原来如此。你相当于重复了母亲小学生时的应试经历。你们学校上短大[1]的多还是四年制大学的多?

田房 短大,不对,应该是四年制。因为学校是女大的附中。

上野 等于躺着也能升学?

田房 躺着……可能升不上去(笑)。比如我就一直躺着,升学考试的成绩勉强能上个学裁缝的专业,不过后来去了外面的美大。从初中开始,我已经在女校待了六年,当时就想,还要我在女大待四年?开什么玩笑。还有,我也想尽快逃离母亲。不过现在想想,我的人生到头来还是对母亲言听计从。

上野 你母亲对你有什么期望?

田房 从我上小学的时候,她就一个劲地说:"要学会一门手艺。"**我们这些失落的一代中,有很多女性从小就被婴儿潮世代的母亲教育"要学会一门手艺""要有无论到了哪儿都能派上用场的能力""要考证"。**

上野 这话以前相当于"能在家里做的工作"。

田房 是的。**同时还总说"要结婚""要生小孩",当女儿的听了会觉得左右为难。**

---

1 短大:指日本的短期大学,一般为两三年学制,相当于中国的大专。——译者注。

第 一 章　女人为何如此艰难？

上野　对啊，成了双重负担。

田房　我上小学时很想成为漫画家，因为上五年级的某天，我得知漫画家是"能在家里做的工作"。母亲整天对我说"要学会一门手艺""结婚生孩子不用学也会，一定要做"，当时我就特别激动地想："这不是结了婚、生了孩子也能做的工作吗！好棒！就是它了！"

上野　我的母亲也对我说"要学会一门手艺"。她可能把自己没能走上的人生和放弃掉的选择寄托在了女儿身上。至于"要结婚生孩子"，可能是希望你不要否定她的人生。相当于双重枷锁啊。

田房　是的是的，就是这样！

婴儿潮母亲与失落的一代女儿，价值观的矛盾

上野 再上一个世代，也就是**我的母亲和田房女士祖母的世代，应该 100% 不存在"不结婚"这个选项。因为那个时代的普遍氛围是"女人工作丢人"。**

田房 2012 年，我生了大女儿。在之前上的产妇学习班里就能隐约感觉到那种氛围。里面的确有人表现出了"怀孕还要上班好可怜"的看法。然后我意识到，竟然有人觉得"结了婚还要工作 = 丢人"，顿时大吃一惊。看来过去更严重啊。

上野 那当然。尤其是良家女子更不会出去工作。那个时代的女人都会不自觉地选择"被男人挑选""依附男人""被男人掌控"的生活方式。婴儿潮世代从小看着那样的女性长大，后来自然也有了同样的价值观，所以当时的结婚率特别高。有个专业术语叫"cohort"，意思是"同年龄群体"。据此展开调查，**我们这个年龄的"败犬"[1]和"单身贵族"[2]**

---

[1] **败犬**：即败逃的丧家犬。酒井顺子在其随笔集《败犬的远吠》（2003）中，将满足"30 岁以上、未婚、无子女"这三个条件的女性称为"败犬"，引发社会现象。

[2] **单身贵族**：记者岩下久美子在 2001 年提出的概念，指"个体独立的女性"。这是一种女性在经济和精神上独立，过上充实生活的新生活方式。上野千鹤子相关著作《一个人的老后》（2007）出版后大为畅销。（参考：《妇人公论》2001 年 5 月 22 日刊《单身贵族的时代来临》岩下久美子 × 遥洋子 × 森永卓郎）

第 一 章　女人为何如此艰难？

女性仅占人口的 3%。

田房　那么，属于那一代人，却没有结婚的上野老师……

上野　所以说我是非主流女人（笑）。听了你的话，我意识到：婴儿潮母亲所说的"学一门手艺"其实附带了"但不能破坏家庭"的条件。意思是你可以依附于丈夫，但是"丈夫万一出了什么事，也要有能力活下去"。所以那些要求并没有脱离在家里扎纸花的范畴。

田房　没错，我母亲经常说："就算你结婚了，丈夫也可能早死，而且有可能离婚，所以不能一味依赖丈夫的收入，要自己能干活。"

上野　这种思维到了下一代，就成了考证和技能。比如律师或医生，都属于高收入可单干的"手艺"。母亲们的要求，始终都是"手艺"。

　　我的母亲也很矛盾。从小到大，她都要求我"掌握一门手艺"，可是等我要考大学了，她却话锋一转，成了"女孩子读短大就够了"。我当时很无奈地想："妈，那你以前说的都是啥啊！"（笑）不过我因为叛逆，还是选择了四年制大学，从未考虑过就业问题。

田房　叛逆……吗？

上野　没错。因为研究学问是派不上任何用场的歪门邪道（笑）。反正我压根没有思考过自己要如何生存，压根不晓得世道艰难。你那一代人跟我这一代人对女性工作的理解很不一样。**在我那个时候，女儿出去工作是违背母亲意愿的行为。但是到了你那一代，女儿出去工作已经成了符合母亲意愿的行为。**你母亲就是希望你既有工作，又要结婚生孩子，对不对？

田房　没错，就是这样！

上野　世代之间会出现价值观的不对等。我们算是叛逆的非主流工作女性，但你们则是顺应母亲愿望的优秀职业女性。因此，无论你们走进家庭，还是选择事业，都不会被打上"非主流"的标签，不可能违背母亲和社会的期望。不过，非主流的生活方式本来就不存在范式。我选择的道路在当时也不存在范式。所以啊，我面对的就是一片从未有人涉足的荒野（笑）。非主流会受到大量社会惩罚，比如吃不上饭，找不到工作。我在找到工作之前一直是失业人员，很长时间都养不活自己。

田房 啊，真的吗？

上野 因为那是个女性很难养活自己的时代。**女性只要有学历，就养不活自己。** 大学毕业的女性结不成婚，找不到工作，顶多只能当当公务员或教师。你瞧，时代差距很大吧（笑）？

田房 真的完全不一样！

上野 所以我们有明确的敌人。比如父母，比如父权社会，这些都是姿态鲜明的敌人。正因为他们姿态鲜明，我才得以反抗。因为我的痛

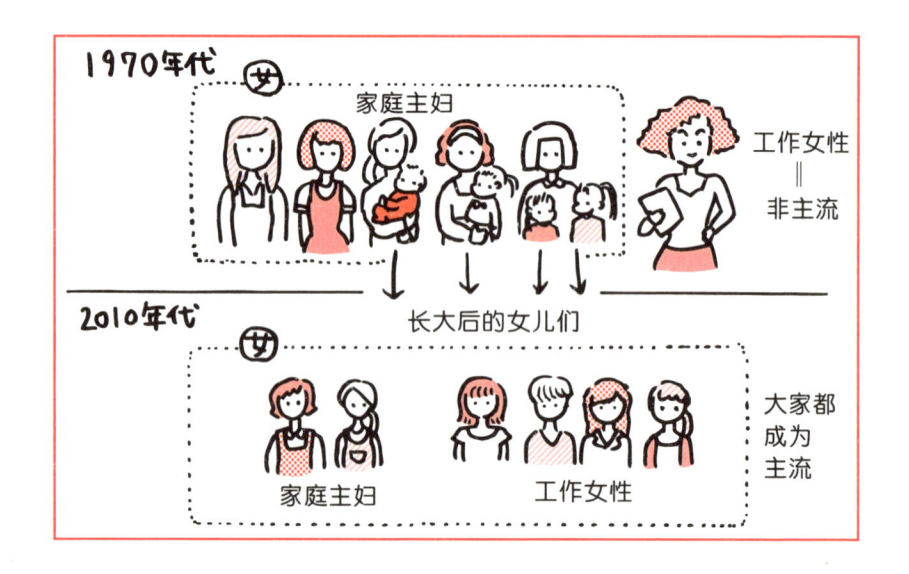

苦根源在外部。但是到了下一个世代呢？她们不得不在自己内部寻找痛苦的根源。因为敌人在自己内部，束缚着自己。那种苦闷的感觉应该与我们当时的痛苦很不一样。

田房 的确如此。因为我们受到的教育是"内省"，意识不到原因来外部。

上野 我们当时的反抗就是心里想着"臭老头，烦死了"，朝他们扔石头。反过来想，就是我们有明确的攻击对象。

田房 真的扔了石头吗？

上野 真的扔过啊（笑）。

田房 除了上野老师的非主流石头，其他人也能扔石头吗？比如我母亲。

上野 虽然不是每个人都这么做，不过当时大学斗争运动很激烈，好多大哥哥大姐姐都在扔石头。于是我就借了他们的风头（笑）。

20 世纪 60 年代的大学斗争。母亲在干什么？上野千鹤子呢？

田房 请问，大学斗争究竟做了些什么啊？

上野 很多人都问过我这个问题，但是太难回答了（笑）。一开始，学生们眼前是"大学当局"这个明确的敌人，学生们提出的要求也很具体，比如"撤销对学生的不正确处分""停止调高讲课费"。后来渐渐加入了

"自我否定""对生产性原理的批判"这些课题，使得运动渐渐抽象化，目标变得模糊不清。再到后来，就变成了"革命"。

田房　原来如此！

上野　运动一旦开始，就很容易像滚雪球一样越滚越大，不断激化，不断突进，最后变得越来越难控制，停也停不下来，谁也阻止不了。大学斗争也是一场错失了平息时机的运动。当时大学与学生团体进行了多方交涉，一般学生运动领袖事先与大学当局商谈的行为被称为"顶层交涉"，主要决定到什么程度为止，在什么情况下收手。

田房　像职业摔跤那样吗？

上野　没错没错！工会与企业的交涉也一样。如果不事先设定一个范围，就很容易失控。再加上大学老师基本都是中年以上的老男人，万一血压飙升到190，那可是会要人命的（笑）。所以这里要有一个大人的自觉，不要逼人太甚。

田房　可当时不是有人扔燃烧弹吗？

上野　所以说，一旦失控，情况就会变成那样。看见有人扔了个燃烧弹，所有人就会想："哦！我们也得这么干！"结果变得越来越激进。到最后，也会留下许多悔恨。万一被问到"你到底想要什么？"，反倒很难回答。

田房　这就是所谓集体意识的变化吗？

上野　也算是吧。真要细致分析那个时代，可能非常困难。小熊英二[1]干脆说那是婴儿潮世代的"自我寻觅"（笑）。为了寻找自我而破坏大学，

---

[1]　小熊英二（1962—　）：社会学家。著有《单一民族神话的起源》《"民主"与"爱国"》等。

第 一 章　女人为何如此艰难？

让自己和同伴都遍体鳞伤，这么说也太过于笼统了……

田房　原来是这样啊。我很难想象自己的母亲竟是那个时代的学生。

上野　你母亲是大学学历吗？

田房　是女子短大。

上野　**当时的大学升学率为 13% 左右。男性升学率 20%，女性升学率 5%。**

田房　只有 5%？！

上野　所以双方都是大学学历的夫妻特别稀有。

田房　不过以前可能真的是那样。"那谁谁的妈妈和爸爸都是某某大学的"这种事都能变成传闻，给人感觉"好厉害！"。

上野　因为她们只占同龄人口的 5% 啊。

田房　原来这么少啊。

上野　因为当时大学数量比现在少，而且是升学率低、孩子数量多的时代，因此大学生夫妻格外罕见。由此可见大学生真的很少。学生运动的参与者及支持者只占大学生的两成左右，因此也不是每个人都参与了大学斗争。约有两成参加，两成支持，剩下的六成都是中立派[1]。要是学校被占领[2]了，那些人就出去打工，或是出门旅行（笑）。

田房　"好棒，放假了！"这样吗？

上野　对对对。你母亲应该属于中立派，就是被别人麻烦到的人（笑）。

田房　被别人麻烦……也很难说啊（笑）。我从来没听她提起过那种事，

---

[1] 中立派：指无党派。对政治不关心的人。
[2] 占领：指学生在大学校园内利用书桌和柜子制作路障，占领一处地盘的战术。

大学（本科）升学率（含往年高中毕业生等）

大学升学年度	女	男	计
1965 年（婴儿潮世代）	4.6%	20.7%	12.8%
1972 年（现在 65 岁左右）	9.3%	33.5%	21.6%
1983 年（泡沫世代）	12.2%	36.1%	24.4%
1989 年（婴儿潮次世代）	14.7%	34.1%	24.7%
2002 年（现在 35 岁左右）	33.8%	47.0%	40.5%
2019 年	50.7%	56.6%	53.7%

出处：2019 年度《学校基本调查》年次统计

可能我母亲一点兴趣都没有吧。我只知道她参加过夏威夷俱乐部，甚至很难想象三岛由纪夫其实是我母亲那一代人。

上野 多数派的人大部分都这样，无论哪个时代都如此。不过，如果要了解一个人，最重要的还是要了解他在什么时代，经历过什么事情。首都圈和地方的大学斗争存在温差，而我当时身在京都，所以感受到的氛围跟东京不太一样。那时的学生坐不起新干线，也有人专门乘夜行火车到东京来参加游行（笑）。

田房 就是为了参加游行？

上野 没错，专门为了这个过来（笑）。不过他们都是少数派，更何况你母亲念的还是女子短大，对吧？那她那边的气氛应该更平和了。御茶水女大和津田塾大学都有男生混进去组织活动，尤其是御茶水女大

第一章　女人为何如此艰难？

那边，搞得特别激烈。

田房　是混进去加入大学里的组织吗？

上野　没错，还动员那里的党派，传授游行和集会的方法，帮忙制作标语牌（笑）。

田房　活动爆发的契机是什么呢？

上野　活动开始于1967年前后，一开始是医学部斗争[1]，后来快速扩散的背景是越南战争[2]。当时美军是从日本基地出发轰炸越南北部的。美军有个很严格的制度，士兵只要在战场待上几个星期，就能获得一个星期假期，防止过度疲劳。那些休假的美军都会回到日本，于是美军基地周围就会聚集很多日本女性。现在可能很难想象，但那可是1美元兑换360日元[3]的时代啊。

田房　哇，好夸张！

上野　所以那些拿着几百美元军饷的G.I.[4]就能靠着手上的钞票为所欲为。说是G.I.，其实年龄跟当时的大学生差不多。村上龙[5]在《无限近

---

[1] 医学部斗争：1968年1月，东京大学医学部学生自治会提出改革实习生制度的要求，并软禁了教授。医学部教授协会对参与此事的17名学生做出处分，但是其中包括未在现场的学生。教授协会不承认错误，于是学生6月份占领东大安田讲堂。两日后，东大执行部请来机动队，学生认为这是侵害大学自治与学生自立的行为，斗争规模扩大到全校。

[2] 越南战争：越南南方民族解放阵线在越南北部的支援下，与越南共和国（南越）政府展开斗争。美国对越南进行了军事介入，将周边各国卷入其中，激化并延长了战局。1973签订和平协议，美国撤军。1975年越南共和国（南越）政府倒台。翌年，越南实现南北统一。

[3] 截至2020年底，1美元可兑换104日元。——译者注

[4] G.I.：日本俗语，指美军。一说为"Government Issue"（政府补给品）的缩写。

[5] 村上龙（1952—）：小说家。1976年以《无限近似于透明的蓝》出道。著有《寄物柜婴儿》《走出半岛》等。

似于透明的蓝》里就描述了当时美军与日本大学生的吸毒和性爱场景。我在美国碰到过曾经驻扎在日本基地的老兵,他还很害羞地说:"日本真好,日本女人真好。"真是想起来就生气。不过后来汇率变成1美元兑换100日元,再后来变成70日元,然后山田咏美[1]这种供养G.I.、倒贴G.I.的日本女人就出现了(笑)。

田房　哦哦哦!

上野　基地问题和越南战争都不是跟他们完全无关的事情。20世纪60年代,全世界都兴起了反战运动,而大学斗争正好在那个背景下兴起,因此在日本也有同样的运动。那时的日本学生认为,自己也被迫支持了越南战争。现在应该很难想象,总之每个人在当时的经历都不尽相同。

她为何成为毒母?

上野　你母亲义务教育也是在女校完成的吗?

田房　小学上的是男女共学[2]。

上野　对吧,所以当时的年轻人都是在表面平等的社会中成长起来的。

1　**山田咏美(1959—)**:小说家。1985年以《床上的眼睛》出道。其作品中多有G.I.登场,也写过与当时的丈夫C.D(假名)的日常生活随笔。著有《我不会学习》《罪人》以及随笔集《热血小砰》系列等。

2　**男女共学**:指男女学生在同一所学校、同一间教室上同样的课程。在1947年《教育基本法》制定之前,日本学校的主流是男女分学,有的地方不仅教室分开,连上学路径也要分开。另外,1946年,第一次有女学生考上东大(当时为东京帝国大学)。那年参加考试的108名女学生中,有19人合格。(参考:金谷千惠子《日本民众与女性的历史》,明石书店,1991)

第 一 章　女人为何如此艰难？

大学斗争也一样，是表面的男女平等。

田房　我母亲那个时代就是男女表面上平等了？

上野　因为都有共学了呀。

田房　这就叫平等吗？但这是理所当然的呀。

上野　"二战"前，一般从寻常小学[1]的中间阶段就男女分开了。有个说法叫男女七岁不同席[2]。

田房　这……

上野　现在应该没有这种野蛮的风俗了，不过以前很多学校都会按照排名高低张贴考试成绩。而且实施共学制度后，男女学生的成绩竞争完全公平公开。成绩不分性别，所以女生上学时培养的都是男女平等意识。可是一出到社会上，就会变成"这跟学到的不一样啊！"。

　　1970年，*an·an*杂志创刊，那个时期很流行"同学夫妻"这个词。在男女共学的学校谈恋爱，然后结成夫妻，到这里为止还算可以。可是出到社会一看，就会发现欢迎男性的工作一大堆，女性却找不到工作。这就是决定性的差别。而且那时候的避孕意识还很差劲，动不动就会怀孕，于是1973年出现了第二次婴儿潮[3]。田房女士是哪一年生的？

田房　1978年。

---

[1] **寻常小学**：日本明治时期建立的初等普通教育机构，有三年制和四年制两种。——译者注。

[2] **男女七岁不同席**：中国古代说法。战前日本社会普遍认为"如果男女七岁以后还不分开，就会败坏风气"。

[3] **第二次婴儿潮**：1971—1974年。每年新生儿人数超过200万人，1973年达到209万人的顶峰。1947—1949年第一次婴儿潮世代被称为"团块世代"，第二次婴儿潮世代则被称为"小团块"。

上野　那算是有点晚了。当时也没有现在这种"消除待机儿童[1]"的目标，家长找不到托儿所和幼儿园，而且都离开家乡到大城市工作，无法依靠父母帮忙带孩子，真的一点办法都没有。

田房　是没有托儿所和幼儿园吗？

上野　没有，真没有。那时候太缺这类设施了，跟现在简直没法比。而且女性本来就找不到工作。不管有没有孩子，都没有人愿意招聘大学毕业的女性。

田房　什么?!

上野　如果想进好公司，就得有高中文凭或短大文凭。只要上了四年制大学，那就完蛋。

田房　为什么?!

上野　因为企业压根不懂如何培养女大学生。我问过少数找到工作的女大学生，她们都是派遣或者临时工，而且得靠关系入职，还被当作"干到结婚就走"的"短期工"。当时的头婚年龄很低，所以工作时间只有两三年，一眨眼就过去了。请记住，你母亲年轻时就处在那样的时代。

田房　我好像能理解。

1　**待机儿童**：指拥有入托、入园资格，但是申请不到保育设施名额的儿童。20世纪60年代，保育资源不足成为问题，虽然出现了"增设保育设施"的口号，但是迟迟没有践行。到了20世纪80年代，儿童数量减少，保育设施不足问题得到缓解，待机儿童略有减少。1994年以后，儿童数量再次增加。2016年，一篇标题为"孩子不能入托日本去死!!"的博文引起话题，该标题也被选为年度流行语。（参考：前原宽《我们能否守护孩子的"当下"》，创成社，2018）

第 一 章 女人为何如此艰难？

上野 我们这一代的女性大都有过不甘心的经历，觉得不应该这样。

田房 我也觉得母亲有这种想法。不是现在的母亲，而是过去那个过分干涉我生活的母亲，就散发着那种气场。我小时候不懂，现在知道了，当时的女性肯定受到过很多不公平待遇。自从我出了一本回忆自己被母亲过度干涉的书，很多经历相似的人都会找我倾诉，说她们的母亲也这样。渐渐地我就觉得，**虽然可能存在每个母亲的个人性格问题，但同样不能忽略她们所经历的社会的问题。**一开始我只把它当成亲子之间的问题，现在想来，或许这就是女性主义和女性歧视的问题。

上野 原来如此。一谈到"毒亲"这个问题，很多人都会说母亲性格怪异，夫妻关系很不正常之类。我看过你写的《老妈好烦》，真的深有同感。虽然存在程度上的差异，但无论哪个家庭都存在那些问题，所以才会有那么多读者产生共鸣。我母亲也不是性格特别差劲的人，只是普通的日本女性。

田房 就是啊，都是好市民。

上野 但是孩子无法选择父母。在这个意义上，我母亲属于普通的日本母亲，而且还是那种夫妻关系很差的普通日本妻子（笑）。她一直对孩子说："我不离婚还不是因为你们。"所以说，她就是个把自己的不幸归咎于孩子，**让孩子产生无意义的负债感和罪恶感的、普通的差劲母亲！**

田房 普通的差劲母亲，我太理解这个形容了（笑）。

田房解说

毒亲（毒母）是什么？

"毒亲"是源自苏珊·福沃德《父母有毒》[1]的互联网用语。2012年前后，该用语开始出现在电视等媒体上，得到更多人群认知。媒体通常站在父母立场上制造话题，诸如"你变成毒亲了吗？""曾经是毒亲的某人"等等，如今该词语已经渐渐成为衡量父母言行的准绳。

我认为，面对父母这种"很难责怪的对象"，苦于父母言行和原生家庭关系的孩子可以暂时认为"父母有毒"，将其看作"敌人"或"加害者"。如此一来，童年和青春期被父母灌输了"都是你的错"的孩子，就可以很有效地将父母与自己切割开来。

如何打断母亲传向女儿的暴力连锁？

上野 我父母是自由恋爱结婚的，你家应该也是吧。如果是自由恋爱，就无法把所托非人的责任转嫁给别人。因为没有人强制那个人走进婚姻，就无法怪罪介绍人或是自己的父母。我十几岁的时候，曾经看着母

---

[1]《父母有毒》：作品原名为"Toxic Parents"，中文版译名为"原生家庭"。——译者注。

第 一 章 女人为何如此艰难？

亲想："妈妈，就算换一个丈夫，你的不幸也不会消失。"我发现，这不是性格或人际关系的问题，而是那个人所处的社会结构的问题。为了解开那个谜团，我在20年后写了一本《父权制与资本主义》(笑)。

田房 原来如此，这果然跟父权制和资本主义有关系啊。

上野 社会上存在现代家庭结构和一夫一妻制度，在此基础上，存在着经济上依附于丈夫的妻子。我母亲那一代的女性没有其他选择，只能被框入这个结构中。就算她们是主动走进这个结构里，我们也不能因此责怪我母亲那一代女性。这不能说是她们的责任，而是她们别无选择。

田房 我也开不了口，绝对说不出"你为什么不这样"这种话。

上野 对吧，因为当时不存在别的道路。

田房 有一部山田太一编剧的电视剧《回忆制造》，里面的女性跟我母亲属于同一代人，讲的是她们24岁前后的故事。未婚女性到了25岁，会被戏称为12月25日就臭掉的圣诞节蛋糕。

上野 没错没错，就是这样。现在回过头看，那简直太侵犯人权了，可以说是性骚扰。

田房 看了那部电视剧，我才总算想明白母亲那一代人为何被称作毒母，还有她们年轻时处在什么样的环境中。要是换成我，我也会变成毒母。只不过，因为没有人会告诉孩子这个道理，导致孩子只能深陷痛苦，无法自拔。

上野 你想明白之后，是否能原谅母亲？

田房 呃……这两者没有关系（笑）。我只是理性上理解了。

上野 你会有"好吧，那真是没办法"的感觉吗？

田房 嗯,会有并肩作战、同仇敌忾的战友之情。

上野 啊,没错!女儿成长之后,母亲有变化吗?

田房 母亲自己确实没变化(笑)。不过现在我更强势,不会怕她了。要是她惹我不高兴,我也能保持"掉头就走"的坚定。

上野 也对啊,因为亲子之间的力量关系会发生转变。

田房 生孩子之后,我变得格外讨厌自己与母亲相似的语调和声音,甚至无法接受自己的脸和体形变得跟那时的母亲一样。一直以来,我都

田房推荐

电视剧《回忆制造》

古手川祐子 　　田中裕子 　　森昌子

这是1981年TBS电视台播放的电视剧。由山田太一编剧,改编自下重晓子采访那个年代女性后写成的作品《摇摆的24岁》。主人公是三个24岁的女性。那个时代普遍认为"男人的出息决定女人的一生",女性得不到工作上的信任,会被强行安排结婚对象,而且男性的暴力被美化为"爱情"。三个主人公为了制造美好的回忆,计划出国旅行。这一行动的背后,潜藏着"一旦结婚,自己的人生就会结束"的观念。

我上小学时,母亲也经常说:"女人一旦生了孩子,人生就结束了。"这部电视剧深刻勾勒了母亲那一代女性的痛苦。

以为这单纯是我和母亲之间的问题。**个人对母亲的怨恨和疗愈必须自己解决，但是在此之外，如果不去剖析、理解时代背景和社会结构，就无法打断从母亲传向女儿的暴力和干涉的连锁。** 因为不是我对母亲做了那些事情。有人认为亲子问题是对等的矛盾，我觉得其实不是。

"为了你好"其实是"为了我好"

上野 你母亲是毒母的时候，经常说"这都是为了你好"，对不对？为人母者多多少少都会用这种方式控制子女，然而很少人会意识到"为了你好"其实是"为了我好"。有一位女权主义者叫中山千夏，她以前是个童星，后来当过议员，还写过小说。她母亲是个舞台妈妈，在孩子很小的时候就把她当成了商品。她很听母亲的话，什么都做，还成了全家的经济支柱。那个人对母亲最大的忤逆就是结婚。对象是一位爵士乐手，两人遭到了她母亲的强烈反对。据她回忆，当时她母亲就不断重复"这都是为了你好"。但是中山女士一直逼问母亲，最后终于让母亲亲口承认了"这都是为了我好"（笑）。

田房 她那种属于深入敌营的做法，而我则是逃避派。**要解决毒母问题，除了逃避或深入，别无他法。**

上野 我特别佩服她，竟然能让母亲说出那句话来。当时中山女士才

20岁出头，在力量关系上，她的母亲还属于强势者。正因为中山女士自己很强悍，才能拼尽全力对抗母亲。

田房 是啊，您说的有道理。

上野 我也选择了逃避，一到18岁就跑得远远的，心想"这地方谁爱待谁待"。当时我真的觉得自己除了离开那个家别无出路，所以拼尽全力逃离了。后来我也一直逃避，尽量不靠近家乡。我啊，扮演女儿角色只能坚持三天两夜（笑）。到第三天为止就是极限，第四天保证崩溃！

田房 我只能坚持两小时（笑）。

上野 哈哈！这种带时限的亲子关系持续了很久，等我到了40岁，突然发现母亲已经成了弱势。我母亲罹患了癌症，因此还是个病人。如此一来，我就错过了与母亲对决的时机。要是一开始坚持对峙，说不定我们就会走出母女关系，成为忘年交，听她讲讲"我年轻那时"的故事呢。结果到了最后，我们还是没有成为那种关系。

田房 我可能也已经错失了时机。我最不喜欢的就是母亲能量太大了，特别痛苦的时候我都会想，等母亲生病卧床不起，成了一块肉的时候，我或许能多爱她一些。现在，母亲不再像以前那样充满能量，于是我渐渐能接受她了。差不多就是觉得按照母亲的喜好挑选的东西也挺不

第 一 章 女人为何如此艰难?

错,这种程度吧。

上野 你母亲原本是能量潜力很高的人吗?

田房 她可厉害了。

上野 假设她有其他途径释放那种能量,会不会走上截然不同的人生呢?

田房 嗯……我也不知道。但我觉得,就算有很多释放的途径,她还是不会变。母亲原本做的是手工创意性的事情,要是社会变得更包容这种行为,她或许会把能量转向那个方向。怎么说呢,我小时候就觉得,女人结了婚肯定要当家庭主妇,所以母亲放弃了自己的事业。

上野 你说的"更包容",是指它可以称之为工作,可以变成培训班,或是得到社会的认可吗?

田房 应该是母亲可以拥有自信,无须在意别人说什么的那种包容。也许,她有了一样可以为生的"手艺",情况就会跟现在不一样。

上野 田房女士不就拥有画漫画这种可以为生的优秀才能嘛。更重要的是要有普通人能做的工作,能够得到正常的评价和相应的报酬,并且从中形成人际关系。如果有了这样的容身之地,毒母的能量就会得到有效发散。你不觉得吗?

田房 不,单就我母亲而言,肯定行不通(笑)。怎么说呢……我感觉她自己给自己徒增了很多压力。如果不放下那些包袱,她就会不断地伤害孩子和周围的人。

上野 比如"必须当第一名"那种压力?

田房 那是我母亲的母亲,也就是我外婆施加的压力。

上野 啊,原来如此。是你母亲跟外婆的母女关系,如此延续了三代人,真是根深蒂固呢。

母亲，还有母亲的母亲，女人在任何时代都无比艰难！

田房 我母亲是大女儿，底下有弟弟妹妹。外婆特别疼爱那个弟弟。现在回过头去分析，母亲散发的能量应该是"我希望得到母亲的认可""你能不能夸夸我"。

本来，母亲必须亲自承认"我希望得到母亲的认可""但是不可能"，然而，她身为一个成年人，并没有完全理解自己的复杂心境，而是将它归结为一句"都是为了你好"，整个扔给了我。她的每一种感情都是健康的，然而感情与感情之间的路线，以及发散的对象却变得极为扭曲。外婆是那种绝对不会认可母亲的人，所以我觉得，她变成这样也是没办法。

上野 因为她是女性，所以不认可？

田房 我也不太清楚是否因为这个。外婆对我和我舅舅都很好，就是对母亲特别恶毒。

上野 **那一代人有种共通的态度。他们会格外疼爱家中第一个男孩，不管他排行老几。** 就算是家里老大，只要她是女性，就绝对得不到"长子"的待遇。任凭她怎么哭闹，也只是"长女"而已。就算完美履行了长女的职责，只要家中有弟弟，就无法得到认可。这就是女孩子的困境。

田房 原来是这样啊。那就是说，我母亲曾经也感受过身为女儿的痛苦。

第 一 章　女人为何如此艰难？

上野　你母亲想成为长子。

田房　是啊……一定是这样。因为那是身为女性才会经历的痛苦，对吧？果然，是否了解女性主义在思考自身的问题时特别重要。

上野　其实无须特别明言"女性主义"，只要熟知历史就够了。如果不了解自己成长的社会和父母那一代的历史，就会有很多想不明白的地方。**毕竟你外婆那一代，可是会把好菜单独端给长子吃的啊。**

田房　什么！

上野　你真的不知道呀（笑）。只有家主和继承人能吃到全须全尾的鱼，其他孩子和妻子只能吃残羹剩饭。就算年龄比较小，长子也是未来的家主，必须要明确家庭秩序。如果家里排行是姐姐、姐姐、弟弟，那么弟弟就叫"幺儿长子"。如果是女儿、女儿、女儿……就一定要拼到

田房的外婆

见到第一个曾孙时

现在的人竟然夫妻俩一起带孩子，真想不到啊。

昭和二十几年，母亲们都与邻居女性共同育儿。

外婆奶水多，所以帮忙奶了好多孩子。

儿子。秋筱宫[1]家不就这样吗?

田房 真的呢!

上野 父权制的典型就是日本皇室。一定要拼到儿子。

田房 原来如此……

上野 你外婆也是那个时代的典型女性。

田房 哇,外婆好苦啊。

上野 没错。**因为日本一直是父权制社会。无论哪个时代,女人都很苦。**你外婆生在一个母凭子贵的社会,而她的女儿则生在表面平等的社会,因此成了毒母。

婴儿潮是这样到来的

田房 那次子和三子呢?

上野 次子和三子是备胎!如果长子不在了,他们就会原地升职。除此之外,他们基本都是"多余的孩子"。正因如此,他们才要离开乡下,前往大城市。就这样,婴儿潮世代从地方涌向了东京周边的千叶、茨城、埼玉等地。

田房 他们都从哪里来?

---

[1] 秋筱宫:皇嗣秋筱宫文仁亲王,日本皇嗣,现任天皇德仁的弟弟,明仁的第二皇子,皇位继承顺序是继天皇德仁后的第一位。——译者注。

第 一 章　女人为何如此艰难？

上野　你在东京长大，所以可能不清楚。日本其实也挺大的，外地有很多很多农村。东北地区管长子后面的儿子叫"神武"（jinmu）。这个名字很厉害吧，就是来自神武天皇。如果用那边的方言来讲，就是"zunmu"，也有人叫"叔叔"。比如"田房家生了个叔叔"。人家可是婴儿啊。你可能会想："为啥要管婴儿叫叔叔？"因为，长子将来肯定也会有自己的男继承人，在那个将来的继承人眼中，刚出生的婴儿可不就是叔叔嘛。所以这个称呼意味着，他们将来只有成为叔父的命运。

　　次子、三子除非入赘，否则基本无法结婚，要一辈子留在家里为长子一家干活。日语管分田叫"田分け"（tawake），这就是"混账"（tawakemono）的语源。因为长子会继承所有田地，因此会有叔叔1、叔叔2、叔叔3等人物。这些叔叔全都生活在一个房间里，一辈子不结婚。说白了就像长子家的家奴。长子以外的儿子就是这样的存在。直到日本进入经济高度成长期，这些人才有机会走向大都市，并且成家立业。

田房　工作都一起做吗？

上野　因为是务农，有多少人手都不够用。不过结婚和性生活并不一样，

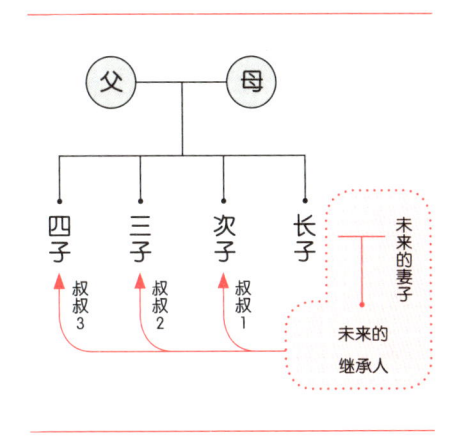

长子之后的儿子从出生那刻就被唤作"叔叔"

就算不结婚也有性生活的对象。那叫作"夜游"[1]。

田房 这也太乱了。

上野 一点都不乱。这种事有明确的规矩,也受到村庄的管制。夜游生下来的孩子叫作"夜游儿",人们也会好好抚养。

田房 是在母亲那里长大吗?不跟叔叔住?

上野 如果去叔叔那里住,就相当于他有了家庭,而叔叔不能有家庭,所以孩子要由母方抚养。男方也认同。所谓婚姻制度,就是规定子女后代归属的制度。

如果问"二战"之后为何多了那么多孩子,那是因为次子、三子在城市里找到了工作。所以那是工业化的成果。他们成了职员,可以拥有家庭,因此累计结婚率(有过一次及以上婚姻的人的比例)上升了。虽然每一代只生大约两个孩子,孩子的总数却增加了,那就是因为适婚人口和累计结婚率的上升。巅峰时97%的男性和98%的女性都有过一次及以上的婚姻。**因为同龄人口的结婚率几乎是100%,人们也将其称作"皆婚社会"或"全员结婚社会"。不过,那种阿猫阿狗都结婚的社会只是一闪而逝的东西。**

田房 哦,竟然是一闪而逝吗?

上野 对!后来就持续下降了,不是吗?

田房 那女孩子呢?

---

[1] 夜游:原本叫"呼夜",指男性为求婚往来于女性住处。虽然有违村规,但只须事先约定,女性也有拒绝权。随着一夫一妻制的普及,这种行为被认为不符合道德,逐渐失去了本来的意义。不过直到明治、大正时期,日本农村依旧留有这种习俗。

第一章 女人为何如此艰难？

上野 就算不结婚，也要出去工作。

田房 不能待在家里呀？

上野 因为女孩有商品价值。她们可以当保姆、女佣、卖身或公娼，还有女工。也有当小妾的。

田房 原来如此。她们在父权家庭是不受待见的孩子，但是有商品价值。如果女孩出去工作，家里能拿到钱吗？

上野 那当然，工钱都是直接交给父母的。有人研究过东北地区家庭女儿的轨迹，查到某一年某个村子的女孩们工作的地方，发现女佣、娼妇和女工基本各占三分之一。

田房 那是日本的什么地方啊？

上野 东北农村。

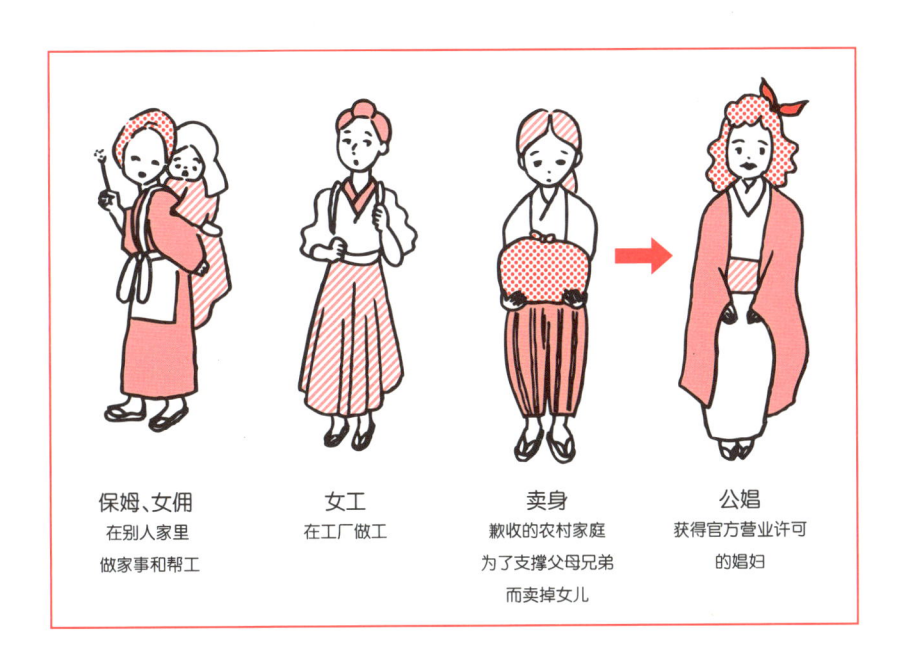

保姆、女佣	女工	卖身	公娼
在别人家里做家事和帮工	在工厂做工	歉收的农村家庭为了支撑父母兄弟而卖掉女儿	获得官方营业许可的娼妇

田房 好……好惊人……只要是女人，都有商品价值吗？

上野 过去存在买卖儿童的现象，而且人们普遍没有保护儿童的意识。

田房 这是真的吗？不是电视剧或电影的剧情吗？

上野 娼妇和女工都是把工钱预支给女孩父母，因为欠着债，女孩都无法逃离。

田房 那有人生孩子就是为了卖吗？

上野 应该不会有人那样想。不过那时候的人都不避孕，自然会有很多孩子。

田房 不避孕！

上野 更不可思议的是，江户时代的人口一直没有增加，几乎维持在3000万人的水平。到了明治时代，人口才迅速增加。江户时代基本是人口稳定状态。若问以前的人是否多产多死，也有人说不是这样。

田房 多产多死？

上野 就是扑哧扑哧地生，扑通扑通地死。但是有人认为，实际情况并非如此，而是过去存在某种人口调节的手段。人口现象实在太复杂了，无法判断当时究竟发生了什么。不过要问近代人口为何增多，我认为是因为孩子成了生产资料。

田房 就是说，以前存在过人口调节的政策吗？

上野 因为吃不饱饭啊。养不活的孩子干脆不生。次子、三子猛然增多的现象也出现在这个时代。这些人纷纷走出乡间，来到大城市，成为第一代城市移民。也就是我们。第一代城市移民最后都定居在了首都圈近郊的千叶、茨城、埼玉等地。后来，他们渐渐被称为婴儿潮一代，又生下了婴儿潮次世代。

第 一 章　女人为何如此艰难？

希望得到母亲认同的母亲

田房　不过，现在也有人说女孩子更招人喜欢。

上野　那并非因为女性地位有所提高，而是出于女儿好养育，老后希望得到女儿照顾的想法。所以日本人更喜欢生女儿。

田房　原来是这样……我以前都不知道。

上野　学校里从来不教这些。日本的历史教育存在错误。一位名叫村上信彦[1]的历史学家写了一本《明治女性史》，详细介绍《阿信》[2]中那一代女性吃什么、做什么、家中地位如何等等。如果能在学校学到这些知识就好了。

田房　就是，学校一点都不教。

上野　田房女士的外婆以前是做什么的？

田房　她是家庭主妇，不过我外公是开店的，所以她也帮忙打理生意。

上野　那她就是掌管一家事务的女主人了，跟工薪阶层的家庭主妇不一样。

田房　也对，她是商人的妻子。

上野　你外婆对你母亲有什么期望吗？

---

[1]　村上信彦（1909—1983）：女性史研究家、小说家。著有《服装的历史》等。
[2]　《阿信》：1983—1984年播放的NHK（日本放送协会）晨间剧。作者桥田寿贺子；主演田中裕子（童年：小林绫子，中老年：乙羽信子）。讲述了1901年（明治三十四年）出生的阿信及与她同时代人的故事。该电视剧创造了日本电视连续剧史上的最高收视率62.9%，并在全世界73个国家和地区播放。

田房 我感觉就是"老实待着"。因为我母亲喜欢出国旅行,体验新文化。

上野 在 1 美元兑换 360 日元的时代出国旅行?

田房 她是抽奖抽到的(笑)。不过,她也在意大利留学过。

上野 你母亲是个很开放、很有挑战精神的人呢。你外婆虽然希望她"像个女人",但她可能在跟家里长子暗中较劲。

田房 听您这么一说,我也觉得是这样。她或许就是通过逐渐走向极端来保持心理平衡。比如,她会请意大利的朋友到家里玩,或是带人家参观浅草,还组织一家人去欢迎他们过来。当时我们住在市井小城里,周围应该很少有跟外国人交流的人。

上野 你外婆也去欢迎了?

田房 嗯,去了。

上野 那个时代,如果年轻女性要一个人出国,父母肯定会反对。你外婆没有阻止你母亲吗?

田房 我也不知道,不过母亲是那种特别能反抗外婆、甚至不惜大打出手的人。

上野 原来她一辈子都在反抗自己的母亲啊。那你母亲应该能预料到女儿的反抗呀,毕竟她自己就是那样(笑)。

田房 就是呀(笑)。可能她没有想到一块儿去。

上野 有些人就是想不到"我年轻时也这样"。我觉得,这就是为人父母的自大。

田房 我母亲从来没提起过她跟外公打架的事情,后来还是姨妈告诉我的。

上野 原来她的丑事都不会告诉女儿啊(笑)。

第 一 章　女人为何如此艰难？

田房　就是就是（笑）。现在说起这些可能很好笑，不过我以前真的很讨厌母亲那样。反正她从来都不提对自己不利的事情。

上野　她看到自己的女儿，真的不会想"我年轻时也这样"吗？

田房　她就一心觉得我是"坏孩子"，而她一点错都没有。总是说我"爱发脾气，不听话"，要么就是"你这样将来肯定嫁不出去"。平时一个劲儿叫我"学一样手艺"，一骂起我来就说"嫁不出去""结不了婚"，反正怎么方便怎么来。所以在我看来，"学手艺"和"结婚"都是母亲逼我行动的话语。

上野　她就是这样控制女儿的呀。

田房　其实母亲心里的真实想法可能完全不一样。

上野　你母亲的真实想法是什么呢？

田房　对外婆的执念。

上野　你是说"我想得到母亲的认可"？

田房　正是。

上野　为了得到你外婆的认可，你母亲应该做什么呢？

田房　她可能无论怎么做都得不到认可……

上野　那也太可怜了。

田房　就是啊，太可怜了。

上野　除非变成长子。

田房　也许真的要这样。

所有母亲都会施压

田房 不过我认为，母亲身为一名女性，人生还是很顺利的。她可以靠父亲的钱生活，父母还给她留了一笔钱。

上野 那完全没问题。因为孩子就是要从父母那里索要。你也索要过，不是吗？

田房 我可没从她那里拿到过钱！

上野 但是你母亲供你上了私立的女校啊。

田房 啊，那的确是的。没错，就是就是。哈哈！

上野 你说想上美术大学，她也供你上了，对不对？这可不能忘了呀（笑）。

田房 我差点就忘了。我从小就没有体验过为钱发愁的感觉，不过毕业后就尽量不找父母要钱了……我一直认为母亲是"不惜恐吓孩子也要达成自己意愿的人""控制我的人"。可是长大以后，我开始怀疑自己对母亲的看法，渐渐认为"母亲是个为了得到认可而拼命挣扎的女人"。现在说起来，我还是有那种感觉。

上野 站在女儿的立场上就会这样想。**所有女性一旦成为母亲，就会开始对孩子施压。她们既是压迫者，同时也是牺牲者。**

田房 原来是这样啊……

上野 没错，所有母亲都会施压，只是有时候她们自己都不会察觉。因为在孩子面前，她们是绝对的强者，剩下的问题只是施压的程度如何，是否极端。自由主义的母亲也会对孩子施压，而非自由主义的母亲则

第 一 章　女人为何如此艰难？

会更露骨地施压。人无法逃离亲子关系，所以无论什么样的父母，对孩子而言都存在压力。我干脆辜负了家长的期待，所以母亲应该对我心怀仇恨，认为"她的人生被女儿的生活方式否定了"。

田房　您觉得母亲对您心怀仇恨吗？

上野　当然觉得。我 30 多岁的时候，她很喜欢明里暗里说我"明明有男人，却一直不结婚生孩子，难道你要否定我的人生吗？"。

田房　**母亲和女儿都会把彼此的人生套在自己身上呢。如果是母亲和儿子，就不会这样。**

上野　没错。如果是儿子，即使对方走上了与自己截然不同的人生，母亲也会认可。因为彼此是异性关系。

田房　有一种希望是"希望你成为这样的人""希望你从事这种职业"，还有一种希望是"希望你跟我一样"，这两种希望落空的意义其实截然不同。我的"毒亲"漫画就很少有男性读者。

上野　我也这么想。男性读了应该会很不愉快吧（笑）。

田房　真的吗？其实很多人觉得"根本看不明白"。

上野　哦，原来是无法理解啊。

田房　对，他们会有"你在说啥"的反应。

上野　那也太惨了。如果两性在完全无法沟通理解的异文化中成长，哪怕遇到了彼此，也很难交流啊。

田房　有一次，一个电视咨询节目的制作人找到我说："我看了你的书，请让我上门采访。"当时来了两个大叔，一坐下就问我："请问，对母亲感到厌烦是种什么样的感觉？"那个瞬间，我心里想："你不是看了书吗？!"（笑）其实他真的看了，就是不理解。这让我很震惊。

上野 哦，你们是同辈人？

田房 他比我大 10 岁左右。

上野 田房女士在漫画里提到了"石像化"，对不对？其实信田佐代子[1]女士也说过同样的话。女儿和母亲激烈争吵的时候，父亲会变成石像。

田房 他会若无其事地路过。

上野 父亲们竟然可以当作无事发生，真难以置信！

田房 假设我和母亲在一块狭小的空间大打出手，父亲会静悄悄地离开，走进自己房间。

上野 雨宫处凛[2]女士也提到过"有一种暴力叫父亲的缺席"。他们怎么就不明白，变成石像也是一种暴力呢！

田房 等到我们越打越厉害，再打下去可能要受伤或出意外了，父亲才会出面阻止。

上野 所以他只负责调停？

田房 没错！

上野 那就是可以介入，但绝不成为当事人的态度。

田房 没错没错，只当裁判。

上野 嗯……妻子对这样的丈夫不会心存不满吗？

田房 我觉得起因就是母亲对父亲的不满。**她把对自己母亲的执念，还有对丈夫的不满，全都发泄到孩子身上。**

---

1 信田佐代子（1946— ）：认证心理医生、临床心理学家。著有《母亲无比沉重》《不会后悔的育儿法》等。

2 雨宫处凛（1975— ）：作家、活动家。著有《让他们活下去！青年难民化》《世代的痛楚》（与上野千鹤子的对谈）等。

第一章 女人为何如此艰难？

上野 是啊，因为人总是会把不满发泄到最弱小的人身上，那样最简单。

田房 她还会说"想想是谁供你吃饭生活的"。

上野 谁说的？

田房 母亲对我说的。

上野 你母亲这样说？不是你父亲？

田房 父亲从来没对我和母亲说过那种话。

上野 我有点搞不懂。

田房 对吧！每次她说"想想是谁供你吃饭生活的"，我都会想："不是我爸吗？"而且她还很喜欢说"是谁供你上学读书的！"。

上野 那种时候，你母亲就成了父亲的代理人，有点狐假虎威的意思。

摘自田房永子《都这样了还要当母女？》（秋田书店）

田房 我特别讨厌她那样，甚至不想读四年制大学了。因为短大只需要家里交两年学费，我就上了短大。现在仔细思考母亲为何总提钱的事情，我觉得那应该是她对自己说的话。"是谁供你吃饭生活的""没用就滚"，这些都是母亲自身的罪恶感，对需要别人的金钱来维持生活的内疚心理。她内心有一种无处发泄的想法，那就是："我什么都不做，真的有资格活着吗？"最后，那种想法就外化成了那些话。

上野 原来如此。丈夫不会说这些话，但是就算不说，也会用态度表现出来。

田房　我觉得母亲对自己家庭主妇的身份应该感到很痛苦。虽然我作为她的发泄对象，其实要痛苦 100 倍。我的感想就是，你自己管好自己不行吗？

隐形的婴儿潮父亲

上野　你父亲每天都准时回家吗？

田房　每天都准时回家，若无其事地走过正在缠斗的母女俩（笑）。不过还是会准时回家。

上野　你父亲也是婴儿潮一代吧。我觉得他有点婴儿潮男性的感觉。

田房　真的像石头一样。

上野　他们绝不会成为当事人。每天就在外面赚钱，也不出轨乱搞，并且认为这样就足够了，别人不该抱怨。

田房　真的就是这样。然而我母亲比他更注重这些，整天就说："我男人不乱搞、不欠债、不赌博，这样就谢天谢地了！"我大概 27 岁的时候，父亲还给我发过诗作一样的邮件（笑）。

上野　哈哈哈哈哈（笑）。

田房　他特别自我陶醉地写了好多话，大意是"我总是随心所欲，给你们添麻烦了"。他好像觉得自己就像疯癫的寅次郎[1]那样，我和母亲

---

[1] 寅次郎：渥美清主演的电影《寅次郎的故事》的主人公，全名为车寅次郎。"疯癫"一词原文为"フーテン"，意为"没有固定工作，整天在外游荡"。

第一章　女人为何如此艰难？

都躲在柱子后面静静守望着他。

上野　你父亲过得那么自由？

田房　他属于做了自己喜欢的工作的那类人吧。当时我意识到，我跟父亲眼中的风景实在太不一样，因此感到十分震惊。父亲以前充当石像时，我觉得他还是站在我这边的。虽然站在我这边，但是为了避免激怒母亲，他会选择沉默。可是有一次，我跟母亲的关系已经无法维持下去时，原本充当调解人的父亲站在了母亲那边。我很绝望，觉得父亲背叛了我，选择了母亲，顿时感到心里空荡荡的。

上野　**那是身为丈夫的正确态度。**

田房　啊？

上野　如果丈夫在那一刻没有选择妻子，那可是大忌。因为一旦站错队，夫妻关系就不会有将来！所以我认为，那是身为丈夫的正确态度。他在关键时刻选择了妻子，而不是女儿。

田房　的确，如果父亲当时选择了我，我恐怕很难暂时舍弃父母，完成自立。

上野　你父亲做得很对。想到后半生要与妻子一起生活，丈夫只能那样选择。你后来结了婚，再从自己和丈夫的关系这个角度展开分析，就想明白了吧？

田房　是啊，现在我可能要感谢父亲当时的选择。

上野　因为只能这样！你夸他一句如何？就说："爸爸，当时你选择妈妈真是太正确了。"（笑）

田房　啊哈哈！他明明在婆媳关系中一直站婆婆那边，的确很值得夸奖！

上野　啊，跟我父亲一样！我们是三世同堂，奶奶跟我们一起住，父亲又是长子。强势的婆婆跟儿媳吵架时，他总是帮自己母亲。因为那一代的男性都有恋母情结。

田房 哈哈哈！我父亲也是长子（笑）。

上野 因为那一代的男性得到了吃鱼能吃全须全尾的待遇，所以绝对无法完成"弑母"的心理成长。

谁也敌不过名为母亲的女性

上野 刚才你不是说"等母亲成了病人，或许能多爱她一些"吗？其实我也一样。因为一旦卧床不起，母亲就成了绝对的弱者。只有这样，我才能对她产生恻隐之心。

田房 恻隐之心？

上野 恻隐之心，也就是怜悯之情。佐野洋子[1]女士在《静子》这本书中提到，母亲得了阿尔茨海默病之后，她才真正触碰到了母亲，第一次接纳了母亲。最后，她和母亲实现了和解。她还在书中提到，很高兴母亲死前患了阿尔茨海默病。

田房 母亲总会让人产生生理和心理上的抵触呢。

上野 如果有生理上的抵触，就无法看护。佐野女士是因为小时候想牵母亲的手，却被母亲甩开了。这件事成了决定性的阴影。尽管佐野女士

---

[1] 佐野洋子（1938—2010）：绘本作家、随笔作家。著有绘本《活了100万次的猫》、随笔集《没有神也没有佛》等。

第 一 章　女人为何如此艰难？

更优秀,但她母亲还是更疼爱长子,对长子寄予厚望。就像你外婆那样。她哥哥去世后,佐野女士本以为轮到自己了,结果她始终没能代替哥哥。这个情绪一直阻拦着她和母亲的关系。她还写道:"母亲是不是情愿我代替哥哥去死呢?"如果只是偶然碰见的可怜老人,我们都会想温柔以待。然而亲子之间还存在着漫长的历史,就算对方成了弱者,也很难做到"抛却恩仇"。明明已经卧床不起,气息奄奄了,还是会忍不住诘问"当时你为何这样?"(笑)。再怎么忍耐,也不可能完全压抑那种感情。有一次,我对卧病在床的母亲说:"妈妈,我是在离开这个家以后,重新养育了自己。"那时真的是用尽了所有力气,有生以来头一次说出了那句话。当时母亲的回答让我特别震惊。她说:**"那还不是因为我教得好。"**

田房　啊啊啊啊啊……

上野　厉害吧?

田房　厉害!哈哈哈哈!母亲真是啥都能回收啊!

上野　谁也敌不过名为母亲的女性。

田房　想想就脱力(笑)。

上野　真的很脱力。我都无言以对了。这根本就是异文化,我们无法交流(笑)。

田房　老实说,真的太强了。要是我母亲这样说,我会觉得"好像有点道理……",然后想:"这不都得怪你生我出来吗?"

上野　身在当今社会,我们还能产生共鸣。可是如果对你母亲那一代女性说这种话,她们或许会有不一样的反应。

田房　比如"我这个妈当得还不错"(笑)。

上野　啊哈哈哈!

（嗡——）

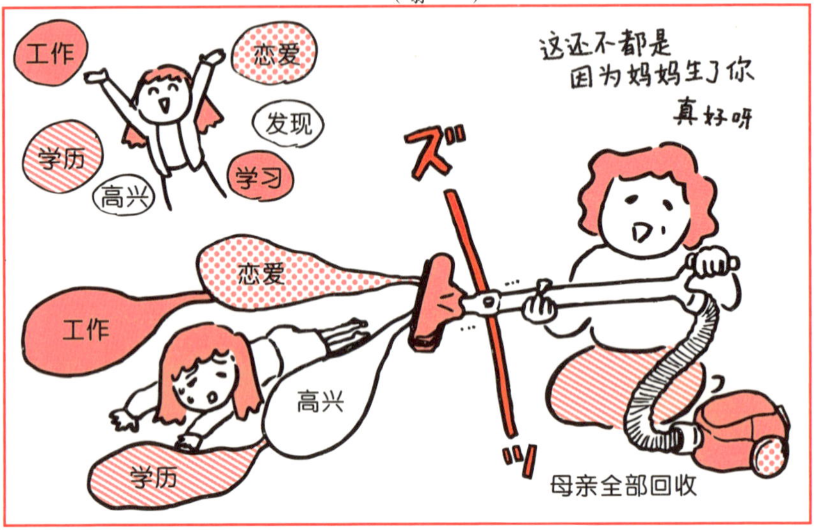

第一章总结　田房

女性
只能依附于
男性经济实力
的年代的
母亲们

只能把希望
寄托在
下一代
女孩身上

我们虽然
多了很多
选择……

（第二章待续）

第二章

女人曾经如何战斗？

今后该如何战斗？

第二章　女人曾经如何战斗？今后该如何战斗？

个人的即政治的

田房　我认为，不管是否结婚，是否生孩子，女人想减轻生活的压力，最好把自己和家人的源流和历史社会的发展结合在一起进行理解。

上野　对，你说的没错。然后我们就学到了妇女解放运动[1]。

田房　真的吗！

上野　正如妇女解放运动的口号："The personal is political——个人的即政治的。"[2] 丈夫不好相处，家人不好相处，这都怪我，不对，是对方性格不好……众多女性都存在这样的烦恼。但是她们一说出来，就会发现周围都是赞同之声，其实所有人都一样。而在此之前，个人的性与烦恼、夫妻纠葛都是不能说出来的事情，也就是所谓的"家丑"[3]。

1　妇女解放运动：women's liberation movement。此处指第二次妇女解放运动，是20世纪60年代后半期到70年代初，从美国扩散到全世界的妇女解放新浪潮。19世纪中期在欧美开展的妇女参政运动被称为第一波女权主义运动，重视性别平等和意识变革的妇女解放运动被称为第二波女权主义运动。在美国，贝蒂·弗里丹出版《女性的奥秘》(1963)后，女权主义与民权运动、越南反战运动联合展开了运动。在日本，1970年的学生运动渐渐平息时，一场由女性组成的国际反战日游行引发了呼吁自律运动的热潮。全国接连出现无数小团体，逐渐连成一片。（参考：上野千鹤子解说《新编日本女性主义1　妇女解放与女性主义》，岩波书店，2009；《揭露性歧视》，亚纪书房，1971；沟口明代、佐伯洋子、三木草子编《资料：日本妇女解放运动史》，女性书房松香堂，1992—1995）

2　个人的即政治的：女权主义运动口号。男女关系、夫妻关系这些个人的烦恼和痛苦都是女性被男权社会强加的政治性压力。这句标语将政治视为个人关系中的不对等权力关系。

3　家丑：即家丑不可外扬，认为"家庭问题和对家庭的不满不能对外人说"的思想。

田房 是有"家丑"这个说法。以前经常能听到,现在好像没有人说了。人们为什么会开始谈论个人的事情呢?

上野 因为那段时间,妇女解放运动的主导者在日本很多地方开设了女性空间,供女性共同生活、共同活动。

田房 我看过一部纪录片叫《无所畏惧》[1],共同生活真的好快乐啊!我很想试试!好像还能带孩子参加,对吧?大家一起制作标语好像特别开心,我也想一起做。

上野 我们也经常搞那种集体活动(笑)。

田房 主要干什么呢?

上野 将心中的怨恨和不满……(笑)。

田房 啊哈哈,吐露出来?

上野 没错没错。我们会一起讨论在外面不好意思说的事情,还有性爱的事情。比如20多岁到50多岁的八名女性住在一起,合写一份报告。当时所有人一致赞同的题目是"能否认可婚外性关系",最后得出结论:"我想在外面乱搞,但是不能原谅配偶在外面乱搞。"

田房 真的!超好懂!

上野 我们承认人都是利己主义者,因此能够敞开说话。而且我们本来就是与周围格格不入的女性。后来我才知道,这种小团体在英语圈被称作"自觉团体"(consciousness raising group)。以前我们根本不知道这个说法,却早就实践过了。大家对彼此道出心声,然后彼此赞同,

---

1 《无所畏惧》:即《无所畏惧 女权主义者》,2014年上映。导演是松井久子;参演人员有田中美津、米津知子、上野千鹤子等。是由女权主义者讲述日本妇女解放运动的纪录片。

第二章　女人曾经如何战斗？今后该如何战斗？

就像现在社交网站上的点赞那样。

再往前一步，就是"个人的即政治的"，意思是这并非我一个人的问题。之所以有纷纷赞同的现象，是因为背后有个共通的原因。那么原因究竟是什么？敌人究竟在哪里？这个问题就延伸到了妇女解放运动上。针对每一个问题发起运动，成立女性中心，开办咨询业务，学习女性咨询并成为咨询专家。就是这样渐渐累积起来的。遗憾的是，那些活动并没有延续到你们这一代。

田房　比我早一点的世代和晚一点的世代都有女性从事那种活动，但纵向的传承好像不多……上野老师，我想请问，您为什么成了一个女权主义者？

上野　我那时候还不存在"女权主义者"这个词，但是有妇人运动[1]家。她们搞的活动主要是主妇联[2]和消费协会[3]，还有母亲大会[4]。**妇女解**

---

[1]　**妇人运动**：广义上为争取女性权利地位的提升，以解放女性为目的展开的运动。"妇人"一词既有"成年女性"的含义，也有"已婚女性"的含义，因此"妇人运动"专门用来指代妇女解放运动之前的女性运动，与之区别开来。妇女解放运动拒绝用"妇人""主妇""母亲"等带有"女性角色"含义的词语来割裂女性，是一场"用'女'来概括完整的自己"的运动。（参考：上野千鹤子解说《新编日本女性主义1 妇女解放与女性主义》，岩波书店，2009）

[2]　**主妇联**：主妇联合会的简称。1948年成立。

[3]　**消费协会**：为了保护消费者的健康、安全与权利而自发成立的协会。

[4]　**母亲大会**：在母亲的立场上探讨日常生活的各种问题，以及教育、和平等主题，以加强团结为目标的大会。1955年第一次日本母亲大会有全国各地60余个女性团体约2000人参加，以反战、反核为主题，讨论了各自面临的问题和苦恼。后来参加者逐年增多，逐渐发展出了小儿麻痹症活疫苗进口运动、高中全入学运动、完善保育设施等具体的运动。截至2019年，日本各地都开设了委员会，每年持续开办研讨会和分科会等学习会议。（参考：金谷千惠子《日本民众与女性的历史》，明石书店，1991；日本母亲大会官网）

放运动的关键在于摒弃了"主妇""母亲"这种女性的特定角色。
当时主流的女性运动都高举"成为更好的主妇""成为更好的母亲"这种标语,并在那些名义下展开活动。森崎和江[1]女士是妇女解放运动的先驱,也是我十分尊敬的偶像。她创办了一本内部杂志《无名通信》,创刊号的宣言特别感人。"我们要退回扣在女性头上的种种称呼,回到无名。因为我们实在有太多的名字。母亲、妻子、主妇、妇人、姑娘、处女……"这与母亲大会和主妇联有着决定性的不同。

田房 那是什么时候的事情?

上野 1959年。那个宣言表达了一个强烈的意志,就是女人再也不想坐在男人给予的座位上。

田房 不是成为男性和社会眼中的"好女人",而是我们女人要坚持成为"一个完整的人",对吧。

性解放与妇女解放运动

田房 妇女解放运动发生在什么时候?

上野 进入20世纪70年代,妇女解放运动才在日本达到高峰。它与

---

[1] 森崎和江(1927—):诗人、作家。1958年离开夫家,与诗人谷川雁等人移居筑丰,建立了"社团村"。翌年创办女性交流杂志《无名通信》。从事过矿工和公娼的口述记录的整理工作。著有《黝黑女矿工口述录》《唐行小姐》等。

第二章 女人曾经如何战斗？今后该如何战斗？

刚才提到的大学斗争结合在一起，使我们大步迈进了"性解放"[1]时代。

田房 性解放？

上野 当时爱与革命是配成一对的（笑）。比如五月风暴[2]时，有人在巴黎留下了"高潮，这就是我的革命"涂鸦。啊哈哈！

田房 啊，什么？为什么啊？（笑）

上野 因为当时不仅是日本，全世界的性观念都十分保守。你知道吗？那时候还有"初夜"[3]这个词呢。现在早就没人用了。而且女性的父母、对象和本人都很重视"婚前守贞"。那个时代，为了抵抗这些思想，诞生了性行为自由[4]和开放式婚姻[5]等思想。

田房 性行为自由就是可以跟非结婚对象发生性关系，对吗？

上野 后来这个行为变得极为普遍，也就有了"婚前性行为"的说法。然而这也是以结婚为前提，只不过性行为发生在婚姻之前。再后来，即使发生了性行为也不一定会跟对方结婚，"婚前性行为"这个词也就不

---

1 **性解放**：追求改变保守的性道德观念的运动。将婚前性行为、婚外性行为与口交、自慰等行为从道德禁忌中解放出来，追求性表达的自由。这一运动在美国从20世纪60年代一直延续到70年代。（参考：龟井俊介《性解放的美国》，讲谈社，1989）

2 **五月风暴**：1968年5月，巴黎爆发学生运动，进而席卷法国全境，发展成反体制运动。直到法国总统戴高乐宣布解散议会，重新选举，运动才渐渐平息。这次运动促成了终止妊娠合法化（1975年实施，另外，避孕药解禁是在1967年），还形成了反对父权制、抵制性别角色、要求雇用和职业平等的众多女权主义团队，展开了大规模示威游行和集会，并且延伸到了妇女解放运动（le Mouvement de libération des femmes: MLF）。

3 **初夜**：男女婚后共同度过的第一夜。这个词以女性婚前守贞为前提，因此对女性而言也是第一次性行为。中世纪欧洲等地流行过"初夜权"风俗，指领主、祭司等位高权重者可以先于新郎与新娘发生关系。

4 **性行为自由**：不限定对象和性取向的自由性行为。

5 **开放式婚姻**：默认可以与丈夫或妻子以外的对象发生性关系的婚姻。

再使用了。**在此之前都是来一发就"要负责！"的时代。一发一辈子（笑）！**

田房 好夸张！

上野 对吧？那是处女拥有特殊性价值的时代。在欧美也一样。现在说起来应该很好笑，你知道美国有种性技巧叫"爱戏"（petting）吗？如果用 ABC 来代表性交程度，那它属于 B，也就是不做到最后，不破坏处女膜，除此之外无所不做。它是在美国 20 世纪 60 年代的约会文化中异常流行的世界性奇习（笑）。

田房 奇习？

上野 就是奇怪的习惯。没有最后的插入式性交，这个习惯难道不奇怪吗？

田房 啊，难道在此之前，唯有插入才算性交吗？

上野 用"插入"来衡量是否"过界"。更早以前连爱戏都没有，因为"男女不同席"啊。美国情侣文化兴盛，约会得到推崇。人们鼓励青春期的少年男女出去约会，同时又要女孩们婚前守贞，这就是美国性文化的双标。情侣们要在这种文化中用尽一切性技巧，同时不破坏处女膜。这怎么想都很奇怪吧（笑）？

田房 "你们可以约会，但是不能更进一步。"会出现这种奇怪习惯也很正常啊（笑）。

上野 现在已经不那么在意了。

田房 为什么？

上野 因为现在已经没有人在意初夜是否出血，女性是否为处女了。世界就是发生了这么大的变化。人们享受性行为的前提是避孕技术的普

第二章 女人曾经如何战斗？今后该如何战斗？

田房解说

Ⓐ 亲吻　　Ⓑ 爱抚胸部　　Ⓒ 性交

我上高中时，
只要有人说"petting"，
周围的人就会喷笑，
平时不会说这个词。

及。就在转折的时刻，发生了性解放运动。当时支持大学斗争的人在性方面也极具挑战精神，很多男男女女都会去反抗父权制的处女情结[1]。当时很多人认为街垒背后是自由的性狂欢。许多搞运动的女生都在性方面很开放，跟男生混在一起。不过搞了一段时间的性狂欢后，女生很快发现，到最后吃亏惹麻烦的都是她们自己！

田房　啊啊，这样哦……

上野　那时的避孕意识还是很薄弱，所以很多女生怀孕了，然后又去

1　父权制的处女情结：在父权制社会中，女性是男性（家长）的所有物，由父亲赠予丈夫。因此会要求女性是未拆封的全新商品，也就是处女。

打掉。**妇女解放运动几乎同时发生在全世界，其中一个重大课题就是终止妊娠的自由**[1]。欧洲和美国都是受到天主教影响的社会，女性没有终止妊娠的权利。为此，她们受尽了苦难。

所以，欧美女性必须为了赢得终止妊娠的权利而抗争，可是在日本，妇女解放运动却不需要争取终止妊娠的自由。**因为日本制定了《优生保护法》**[2]**，终止妊娠十分简单，甚至被称为"堕胎天国"。**日本各地都设有优生保护法指定医师[3]，可以提供廉价而安全的终止妊娠服务。那是因为日本战败后，为了抑制人口，在优生保护法中添加了"经济原因"这个可以随意解释的条目。日本妇女解放运动最激烈的斗争，就是反对国会1972年提出的删除"经济原因"，限制终止妊娠行为的

---

1 终止妊娠的自由：终止妊娠的问题涉及健康、伦理、宗教和人口政策等领域，人们至今仍在讨论的问题不仅是女性的权利，还有胎儿的权利。在终止妊娠合法的国家和地区，也设有各种各样的条件，认可女性自由选择终止妊娠的地方，即使是发达国家也不超过四分之三。20世纪的女权主义者接连赢得了终止妊娠的权利，2018年，天主教国家爱尔兰以全国投票的方式通过了终止妊娠法案，但美国和波兰的立法禁止和限制行动却逐渐加速。2019年，美国亚拉巴马州和路易斯安那州通过的禁止堕胎法案中，禁止对象还包括了强奸怀孕的场合，因此激发了"My Body, My Choice"（我的身体，我的选择）抗议运动。（参考：《地图和数据上的女性世界》，原书房，2018）

2 《优生保护法》：1948—1996年施行的法律，规定了一些特殊情况，可以合法进行战前被认为是犯罪的终止妊娠行为。这一法律的实施背景有粮食短缺、住宅短缺和人口增加等问题，其目的在于"保障母体的生命健康"，以及"从优生学角度考虑，防止不健康后代的出生"，在一定范围内批准终止意外妊娠和危险妊娠，与此同时，又强制终止一些残障人士的妊娠。1996年改订为《母体保护法》，后将改订前的法律称为《旧优生保护法》。截至2019年，依旧有该法律的受害者提起赔偿诉讼。（参考："SOSHIREN女，自我的身体而出"官方网站）

3 优生保护法指定医师：具有终止妊娠资格的医师。母体保护法实施后，依旧只有日本各行政区医师协会指定的医师能够进行终止妊娠手术。

第二章　女人曾经如何战斗？今后该如何战斗？

法律修订案。

田房　这证明意外怀孕的人真的很多，对吧？

上野　当时的避孕手段只有安全套，而且使用方法并不规范，经常出现失败的情况。甚至很多人根本不用。按照现在的理解，安全套的失败率过高，"只是预防性病感染的方法，而非避孕方法"[1]。而在当时，避孕药才刚刚出现。**欧美的性解放与避孕药有着千丝万缕的联系。**因为人无法在担心怀孕的情况下尽情享受性爱，也就谈不上性爱自由了。性独立的决定性条件，就是存在一种让女性成为主体的安全避孕方法。可是日本却跳过那个条件，直接拥抱了性自由，那当然很糟糕啊（笑）。

田房　很糟糕！在避孕方面直到现在都很糟糕！

上野　就是这样。**现在日本落后美国 40 年，总算解禁了避孕药，但是至今仍要凭医生处方购买。**除此之外，紧急避孕药[2]和子宫内避孕器等以女性为主体的避孕器具都需要经过医生诊疗后获得。所以说，现在还是很糟糕。

田房　反正后果全都要女性来背。

上野　没错没错。当时明明已经有了表面的男女平等，但自由性爱中

---

[1] 一般认为，安全套的避孕失败率在 2%—15% 之间（日本妇产科医生协会资料），因此只适合用于预防性病感染，若不正确使用，则不适合用于避孕。目前许多国家已经普及了避孕药等以女性为主体的避孕手段。在日本，使用安全套占到所有避孕方法的 82%，处于绝对主导地位。2016 年日本终止妊娠次数达到 16.8 万次。

[2] **紧急避孕药**：在避孕失败或是遭到强奸时，为防止意外怀孕而服用的药物。该药物主要成分为黄体酮，在性交后 72 小时内服用可以抑制排卵和受精，成功率有 80% 以上。世界卫生组织将紧急避孕的药物列入了必备医药品的名单，日本厚生劳动省也已经批准。目前在全世界 80 多个国家都可以免处方自由购买。

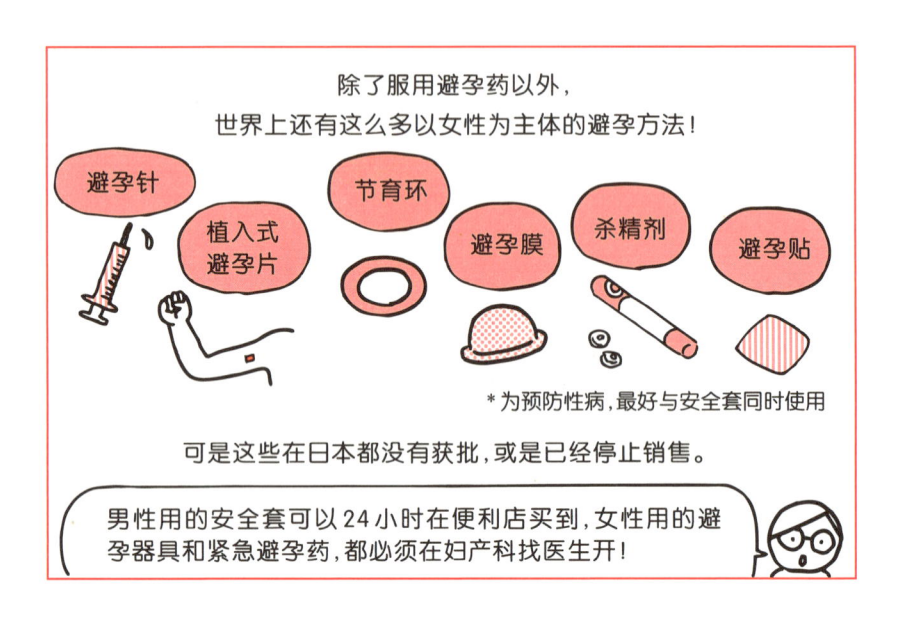

> 除了服用避孕药以外，世界上还有这么多以女性为主体的避孕方法！
>
> 避孕针　植入式避孕片　节育环　避孕膜　杀精剂　避孕贴
>
> *为预防性病，最好与安全套同时使用
>
> 可是这些在日本都没有获批，或是已经停止销售。
>
> 男性用的安全套可以24小时在便利店买到，女性用的避孕器具和紧急避孕药，都必须在妇产科找医生开！

受伤害的全是女性。女性付出了沉痛的代价，换来的认知就是男性对性的不平等是如此无知和不负责任。当时我身边还有结婚前已经做过四次人工流产的女性。可以说，那是一个非常野蛮的时代，甚至有人认为"人工流产也是避孕的一种"。你说过不过分？

田房　太过分了……

上野　太乱来了。可很多人都觉得"打掉不就好了"。再加上男性个个都很自私，觉得隔着一层套不够爽，都不愿意用。

第 二 章　女人曾经如何战斗？今后该如何战斗？

上野千鹤子为何成为女权主义者？

田房　我对《无所畏惧》里的一段话印象特别深刻。"（大学斗争中）我身在街垒之中，从不化妆打扮，跟男人混在一起战斗，但是那些会化妆、打扮的女生却成了那些男人的女朋友。这就是我参加女性解放运动的契机。"

上野　那是米津知子[1]女士的发言。情况就是这样的。男性都有双重标准。那些女性就是躲在柱子后面咬手绢目送男人赶赴前线，默默等待的人。一旦男生被捕，她们就会参加救援行动，给他们送吃的，送换洗衣服，所以被称为"救援天使"。

田房　哦哦。

上野　还有一种就是跟男人一起组队游行的女人，其中一部分被称为"武斗罗莎"（笑）。

田房　武斗？

上野　这个词来自德语的"Gewalt"，意思是暴力。你听过"武斗棒"吗？说的就是这个。

田房　我听过武斗棒！

1　米津知子（1948—　）：女性活动家。两岁半罹患脊髓灰质炎致残。"SOSHIREN 女，自我的身体而出""DPI 女性残障者网络"成员。

上野　当时东大有一群女生跟男人一样手持武斗棒，被人戏称为"武斗罗莎"。罗莎就是女性革命家罗莎·卢森堡[1]。他们不会跟女战友成为恋人，而是选择更隐忍、更愿意等待的女人。这就是男人的双重标准，跟现在的"综合岗位女性和普通岗位女性"（参照 P161）差不多。

田房　综合岗位是武斗罗莎，普通岗位是救援天使？

上野　没错。他们按照用途给女性分了类。大学斗争的现场还有另一类女性，那就是"慰安妇"。当时在**性方面较为主动的女生都被男人称作"公共厕所"**。是不是特别侮辱人？很多人一边占女战友的便宜，一边在背后嘲笑她们。

田房　太过分了……

上野　想想就知道他们有多轻蔑那些女性吧。而且在1991年，"从军慰安妇"[2]成为问题时，她们才意识到那个词原本是日本士兵用来称呼"慰安妇"的叫法。自己当成战友的男人竟在背后那样侮辱女性，这件事本来就让人难以忍受了，而且他们竟然还用了日本士兵的用语！真的是无言以对。如果不进行历史考证，很难说清楚这到底是历史传承还是哪个人心血来潮说的。

上野　那些男学生口中高喊"推翻天皇制""粉碎家族帝国主义"，实际行动跟父权制的老爹没有两样。一起在学校学习、一起并肩作战的男生们，其实都是父权制的帮凶。他们脑子里装的都是革命，身体却

1　罗莎·卢森堡（1871—1919）：政治理论家、革命家。出生于波兰，在德国活动。
2　从军慰安妇：在日本侵略战争和太平洋战争中，在战地的日军慰安所成为军人性发泄对象的女性。众多被侵略国家的女性被哄骗或强制带到那里，遭到监禁和性暴力虐待。

第 二 章　女人曾经如何战斗？今后该如何战斗？

是父权制的同谋。

田房　我也听过。一些女权主义者的子女会说："别看父母在外面高谈阔论，家里其实一团糟。"

上野　到处都能听到"妻子一边忍受蛮横丈夫的虐待，一边支撑家庭"的故事。如果那个男人还顶着革命或阶级斗争的旗号，那就更无法违逆了。这些人的妻子就会成为枪后[1]坚忍的贞女。这种性别分工也存在于街垒之内。你问我们在那里干什么，捏饭团啊。所以我们捏饭团的经验足足有半个世纪！

田房　哪种饭团呀？

上野　我们没那闲心精心制作三角饭团，所以都是圆球状的。而且我还特别擅长做这个。但我感觉，一旦遇到外形不好看的饭团，那些男生可能会说这是上野做的（笑）。做饭团的都是枪后之妻、厨房妇女，而枪后之妻与慰安妇又形成互补关系。运动其实不分男女，但我最后还是亲身体会到了性别鸿沟有多巨大，女人有多吃亏。**我之所以成为**

1　枪后：战场后方，通常指没有参加前线战斗的普通民众。"枪后之妻"这个说法专指丈夫上战场、自己在家坚守的妻子。

女权主义者,是出于私愤。

田房　哦哦!

上野　私人的怨怼!经常有人说"因为私愤成为女权主义者太不像话""真正的女性主义应该是男女共同追求性别平等"(笑)。

田房　啊,怎么这样(笑)。

上野　每次我都会想:"呸!"

田房　啊哈哈哈哈!

上野　我为私人怨怼而战有什么不对?!

田房　就是就是!

上野　我脑子里有一份长长的名单,记录了"什么时候哪个混蛋对我做了什么、说了什么"。而我心里则充满了"不可原谅!"的情绪(笑)。女性主义从"我"出发,因为个人的即政治的!

靠牛仔裤夺回了性主体权?!

上野　参加妇女解放运动的女性都有很强烈的意愿,不希望进入像自己父母那样的男女关系。可是女人的行动越自由,就越容易让男人占便宜。

田房　这样啊……怎么占便宜?

上野　就是变成他们口中的荡妇。

田房　啊啊……

上野　跟这些女孩上床不需要负责任,自己还能另找女朋友。等到毕业了就请指导教官(大学本科或研究生阶段负责指导毕业论文、硕士

第 二 章　女人曾经如何战斗？今后该如何战斗？

论文或博士论文的教师。当时在国立大学还称作"教官")做媒，赶紧结婚。我身边也有很多这种男人。每次我要开骂，他们的男同胞就会说："唉，他也有自己的苦衷。"（笑）

田房　啊哈哈！

上野　在那种环境中，女性的身心都受到了摧残。初期的妇女解放运动家基本都是原来被男性战友背叛过的女活动家。这种情况不仅存在于日本，还出现在欧洲和美国，总之全世界都差不多。

田房　直到现在还存在性别分工呢。

上野　是的。不过 2015 年不是有一群学生聚集在国会参加反对安保法案的斗争吗？我问过 SEALDs[1] 的年轻人，他们虽然并非完全没有性别分工，但情况已经出现了很大改变。首先，他们是男生、女生轮流拿起麦克风演说。过去女生都是后援，几乎没有人拿起麦克风上台演讲。由于女性是绝对少数，因此特别惹眼，基本上每个党派都有自己的女性吉祥物。

田房　太露骨了！

上野　因为那就是个野蛮的时代（笑）。

田房　当时没有想拿起麦克风的女性吗？

上野　那种女性就被称为"武斗罗莎"。这个名称本身是带有揶揄意味的。明明是个女的却要拿武斗棒，简直是个没有当成男人的二流子。一

---

[1] SEALDs：Students Emergency Action for Liberal Democracy-s（为自由民主主义的学生紧急行动）。2015—2016 年，为了反对第三届安倍政权的安全保障相关法案，聚集在国会门前展开抗议活动和示威游行的团体。该团体以十几岁到二十几岁的成员为中心，利用社交网络将活动扩散到广大人群。

点战斗力都没有，却妄想跟男人一样。

田房 我对那种氛围深有体会，因为我们小时候也这样。那样的女生很容易遭到周围的轻视。

上野 所以想跟男人一样强的女人，往往会遭到轻视。

田房 那无论做什么……

上野 都一样。

田房 太痛苦了！

上野 而且当时人们的态度比现在露骨得多。

田房 最近经常见到支持妇女解放运动的女性自称"碧池"或"荡妇"，并非男性口中"跟什么人都能做"的意思，而是"喜欢性爱、经常享受性爱的女人"。

上野 碧池本来是蔑称，另外支持妇女解放运动的女性还会自称"魔女"。当时田中美津[1]她们就搞过"魔女演唱会"。不过，那时还没有人敢光明正大地说"我是荡妇"。

我还想起一件不太重要的事情！那时候女生开始穿牛仔裤，因此性行为也发生了变化。

田房 哦？

上野 现在牛仔裤早就是司空见惯的服装了。但是在当时，如果有女

---

1 田中美津（1943— ）：针灸师。在20世纪70年代的妇女解放运动中活跃。学生运动的最盛期，她提出了街垒之内的性别歧视，并加入"战斗女性团体"，派发"公厕解放"传单。后来与其他团体合作，成立"妇女解放运动新宿中心"。著有《致生命中的女人：妇女解放论》《这颗星不是我的星》等。

第二章　女人曾经如何战斗？今后该如何战斗？

生穿长裤去学校，就会有人问："今天有活动吗？""你要去参加示威游行？"因为人们认为女人应该穿裙子，甚至有的教授不允许穿牛仔裤的女生走进教室。

田房　啊？为什么?!

上野　那是神户女学院的美国籍男教授在大阪大学做非常勤讲师时发生的事情。后来有人站出来抗议了。

田房　竟然还是个美国人。

上野　对啊，他还来自发明牛仔裤的国家。不过神户女学院是培养淑女的学校，淑女当然不能穿牛仔裤啊（笑）。

田房　这……

上野　很无语，对吧（笑）。当时的牛仔裤都是低腰款式，搭配特别粗大的皮带。然后女生们有一种很有意思的说法："自从穿了牛仔裤，我就有了性主体权。"（笑）

田房　那是什么意思啊？牛仔裤还有那种功能？

上野　没有啦，真的没有（笑）。因为穿裙子很容易就能伸手进去，不知怎么的就变成了混乱的性交。而换成牛仔裤以后，男人轻易脱不下来，必须女人帮忙。于是就成了"刚摸到皮带就停下了手"。女生们开始"用清醒的脑子做选择"了（笑）。她们管这叫"性主体权"。

田房　就是说，女性有了选择男性的时间？在此之前一直都没有吗（笑）？

上野　都是顺势而为，被现场的气氛带着跑。因为那时候男男女女都会混在一起睡觉。我听到女孩子说"有了性主体权"，觉得特别好笑！因为在此之前，大家都只穿裙子，而裙子真的特别缺乏防御力。对了，市面上出现连裤袜时,还有人说"连裤袜是昭和的贞操带[1]",你知道吗?

田房 啊?什么?

上野 我感觉自己今天成了活的历史见证人啊(笑)。

田房 因为连裤袜一下子脱不掉?

上野 如果女性不主动脱,就很难脱掉。我记得连裤袜跟迷你裙都是1968年出现在日本的。如果没有连裤袜,迷你裙恐怕不会普及。

田房 现在连裤袜可能被赋予了不一样的性意义。比如 AV 里还有撕破连裤袜的分类。

上野 那是因为连裤袜便宜了很多。

田房 原来如此!

上野 当时没人舍得撕破。所以这也跟科技进步有关(笑)。

A 面与 B 面 / 市场与家庭

田房 上野老师,您对令和新选组[2]有什么看法?

上野 怎么突然提起这个了?

田房 我特别喜欢他们。山本太郎不是说"要在国会大闹一番"嘛,我觉得很有意思。他们是要故意制造混乱,从中改变世界。

---

1 贞操带:19世纪用于保持女性贞操的器具,材质为铁,带锁。
2 令和新选组:2019年成立的日本政党,代表为山本太郎。同年参议院选举,ALS(肌萎缩性脊髓侧索硬化症)患者舩后靖彦、重度残障人士木村英子在比例区当选。

第 二 章　女人曾经如何战斗？今后该如何战斗？

上野　我认为他们的选举策略确实很妙，比如炒作。那两位身体有残障的议员应该会促进国会的改变。毕竟首先要为他们大幅改造议会的会场啊。

田房　真是太让人激动了。

上野　我也切实感受到了，只要准备好话题和战术，就能引起这么大的变化。罹患 ALS 的舩后靖彦发言时都用文字板，对不对？

田房　我看到他用牙齿操控传感器往电脑里输入了。

上野　我认为在他加入以后，提问时间的限制应该会取消。国会分配给各个政党的提问时间不同，因此无法进行很深入的交流。正如针对患有视觉障碍的考生可以适当延长考试时间，这个提问时间的分配也需要进行"合理照顾"。毕竟日本也签署了《残疾人权利公约》[1]。

田房　等待工作人员翻译舩后先生的文字板的那段时间特别安静，我觉得那一刻发生了特别惊人的事情。

虽然我还不太了解女性主义，但是觉得，**社会存在 A 面与 B 面。** 政治、经济、时间、就业，这些都是社会的 A 面，而 B 面则是生命、育儿、看护、疾病、残障等等。A 面可以通融，B 面却无可取代。男性都在 A 面，女性一开始也生活在 A 面，但是随着分娩和育儿的开始，她们就不得不移动到 B 面。男性会因为疾病和受伤而发生转移，但除此之外，基本上一直待在 A 面。女性必须往返于 A、B 两面，比如 B 面的医院吩咐她"你有流产征兆，请在家休息"。这个女性也需要非常艰难地与

---

[1]《残疾人权利公约》：联合国于 2006 年通过的有关保护残疾人人权的国际公约，旨在消除残疾人歧视，促进全社会参与。日本于 2014 年加入该公约，成为第 104 个加入的国家。

上野的"公私分离模式"

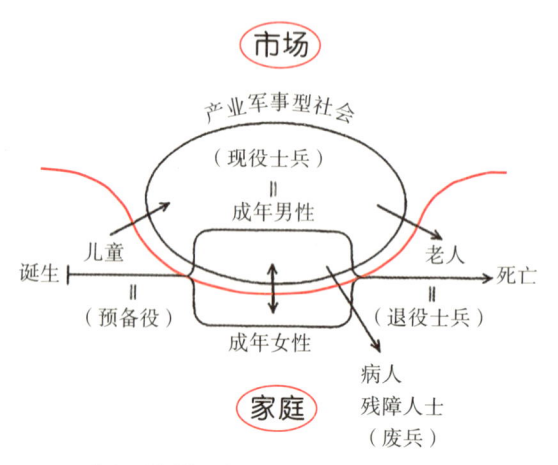

市场

产业军事型社会

（现役士兵）
＝
成年男性

诞生　儿童　　　　　　　　老人　死亡
　　　＝　　成年女性　　　＝
　　（预备役）　　　　　（退役士兵）

病人
残障人士
（废兵）

家庭

摘自上野千鹤子《父权制与资本主义》（岩波书店）

A 面的公司协商这个问题。

上野　将男性社会与女性社会比喻成 A 面和 B 面，我觉得你的语言表达能力真的很厉害。你的话暗含了一种深意，这不是普通的两个平面，而是对 A 面而言，B 面即反面，是二流。听了你的话我很感慨，你说得真好。不过女性主义很早以前就明确解释了同样的事情（笑）！

田房　啊！真的吗?!

上野　所以我有两种感慨，一是你的表达能力很棒，二是我们经过艰苦斗争总结出的概念和话语竟完全没有被下一代人继承。

　　这是我在《父权制与资本主义》这本书里提到的模式。里面有一个成年男性占据的"市场"领域，其背后存在一个囊括了女性、儿童和

第 二 章　女人曾经如何战斗？今后该如何战斗？

田房的"A面·B面"

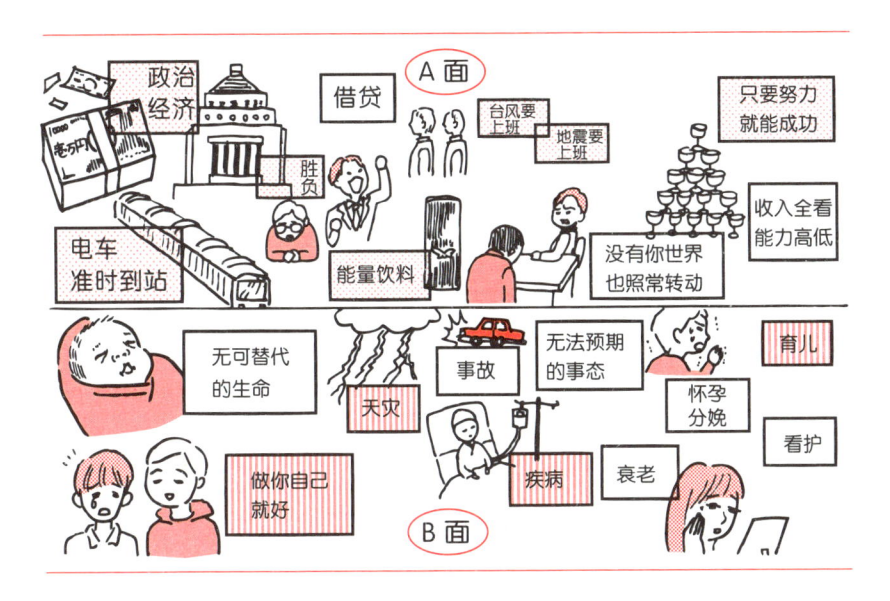

老人的隐形领域，那就是"家庭"。儿童时期，所有人都处在"家庭"领域，但是成年以后，男性会走向"市场"，女性则留在"家庭"，导致两者的人生路线分化，直到变成老头、老太，才会再度重合。

"市场"上都是产业军事型社会的士兵，在这个领域，派不上用场的人都会被排除出去。儿童是产业士兵的预备役，老人则是退役士兵，两者无法对"市场"做出贡献，所以要被塞进家庭这个黑匣子里，女性则一直被遗忘其中。不仅是妇女、儿童和老人，病人和残障人士也一样。这个模式一直被称作"公私分离模式"或者"市场家庭二元模式"。女性学就是在这个理论基础上不断发展出来的学问。你对这种学问一无所知，却凭借自己的思考总结出了A面和B面的表达！我在惊叹的同时，也有一点感伤。

田房 明白了！我想表达的是，假设有一个独自育儿的妻子，还有一个认为"我只需要工作，不用带孩子"的丈夫，如果这个妻子要求丈夫分担育儿工作，她只能冷静地以离婚相威胁，或是情绪崩溃、大哭大叫，甚至干脆累倒，总之要制造非常混乱的局面。也就是说，只有从 B 面强行打碎中间的壁垒，才能逼迫 A 面的丈夫不得不来往于 A、B 两面。**如果 B 面不提出诉求，A 面几乎不会主动参与 B 面。因为只待在 A 面是很占便宜的事情。**我认为，山本太郎试图在政治领域强行打破 B 面与 A 面的壁垒。

上野 你说的没错。

田房 我提令和新选组就是为了这个（笑）。

上野 如果能坐轮椅参加议会，那女性也能推着婴儿车、带孩子参加议会了。熊本市议会不是有个带孩子出席的女性议员[1]被谴责了吗？她被严重警告了。当时其他女议员应该站起来发声，质问这样有什么错才对。比如"因为没人带孩子啊""既然不让带孩子，议会为何不开个托儿所？"。

---

1 2017 年，绪方夕佳议员带着七个月大的孩子在议会落座，后遭到议长和事务局制止。由于没有事先知会，导致议会开会时间推迟了 40 分钟，该议员接到了议长的书面严重警告。

第二章　女人曾经如何战斗？今后该如何战斗？

残疾人人权运动与女性主义。反优生保护法恶改运动

田房　对我来说，女性主义就是 B 面的事情。

上野　没错。

田房　女性主义本身属于 B 面，但是考虑到令和新选组登场的时期，人们正好也对上野老师的东大演讲[1]做出了极大反响，所以我觉得，B 面正在接近 A 面。渐渐有很多人察觉到"我们必须重视这件事"。

上野　假设如此，那应该是这半个世纪的运动积累的成果。我们在为女性展开运动时，也有人为残疾人展开运动。他们会故意乘坐轮椅进入通勤高峰的电车或公交车，还会要求工作人员"把我抬上楼梯"。现在几乎每个车站都有电梯，这就是他们的运动成果。就算被谩骂、被嫌弃，他们也坚决为自己的独立和权利做斗争。然而，一些健康人士却假装那些斗争从未存在过，一脸理所当然地占用电梯，把残疾人赶出去。曾经可能会谩骂斗争者的人，现在反过来抢走了他们的成果。

田房　对啊，经常能看到特别健康的年轻人坐电梯。我挺着大肚子走

1　**上野老师的东大演讲**：上野千鹤子在平成三十一年（2019 年）东京大学本科入学典礼上发表的演讲。她提到了前一年曝光的东京医科大学入学考试的女性歧视和东大生的性暴力事件，坦言女性学生身处的现实，引起了热议。"女性主义绝不是女人像男人一样行动，或是弱者试图变为强者的思想。女性主义是追求弱者也能得到尊重的思想。"在东京大学官方网站可以读到全文。（参考：《平成三十一年东京大学本科入学典礼演讲》https://www.u-tokyo.ac.jp/ja/about/president/b_message31_03.html）

不快的时候，就被一个拿着啤酒的白领职员，还有一个大学生跑步赶超过去抢占了电梯。我到现在都无法原谅他们。

上野 这些人的斗争真的很让人敬佩。

田房 残疾人的人权运动跟LGBT[1]人士的运动也有关系吧。

上野 是的，他们不断制造麻烦，不断被别人制造麻烦，一直积累到最后，就有了现在的成果。现在，他们总算看到了希望。

田房 残疾人、LGBT人士和女权主义者的运动似乎合在了一起，越变越大了。

上野 如果你能这样理解，那我就太高兴了。我管这叫"当事者运动"[2]。现在的确有各种当事者运动合流的趋势。为什么这么说呢？因为这些少数人士以前关系特别差（笑）。

田房 真的吗？

上野 让各种少数人士齐心协力是一件很困难的事情，因为少数派也会歧视其他的少数派。女性会歧视残疾人，残疾人会歧视女性。可是现在人们明白了，他们在同一时期面对着同样的问题，并且在同时奔走，所以各种当事者运动渐渐联合起来了。

1　LGBT：从性主流角度对性少数人士的统称。L指Lesbian（女同性恋），G指Gay（男同性恋），B指Bisexual（双性恋），T指Transgender（跨性别者）。

2　当事者运动：并非由具有资质和权威的专家，而是由问题当事者发起的运动。"一直以来，在社会上被称为弱者的人群都被剥夺了当事者主权、'我的事情我做主'的基本诉求权。这些人可能是女性、老人、残疾人、儿童、性少数者、病患、精神障碍者、拒绝上学者。因为他们无法适应这个社会的机制，就被认为'有问题'，从而命运被交给自己以外的人去决定。现在，这些人开始发出了自己的声音。"（参考：中西正司、上野千鹤子《当事者主权》，岩波新书，2003年）

第 二 章　女人曾经如何战斗？今后该如何战斗？

田房　哦？我一点都不知道……

上野　女性与残疾人的对立发生在1972年。反对优生保护法恶改的女性运动[1]遭到了残疾人运动的批判。因为该法案的修改内容包括"禁止由于经济原因终止妊娠""批准残疾胎儿的终止妊娠""国家为初产孕妇提供指导"。

女性奋起反抗的理由是"生与不生由我决定",残疾人则批判那是"不让先天残疾儿童出生的法律"。田中美津女士当时没有说"终止妊娠是女人的权利",而是说"我是杀死了孩子的女人"。她主张"社会在制造残疾人与女性的对立",而让母亲不得不打掉残疾胎儿的真正原因,是把一切压力都投放在B面的社会,我们被迫处在了女性与残疾人互相残杀的社会构造中。只有像这样找到共同的敌人,才能并肩作战。

我和中西正司先生共同创作《当事者主权》的时间是2000年,他是残疾人自立运动的优秀领导者。我跟他交谈过后特别感动,因为我们在同一时期做过许多同样的事情。**女性运动和残疾人运动其实都是"当事者运动"。**在斗争的过程中,性少数人士和麻风病患者等人群也加入进来,最后总算形成了共同斗争的状态。

田房　原来是这样啊……

1　**反对优生保护法恶改的女性运动**：1972年反对优生保护法修正案的运动。修正内容为：1.从人工终止妊娠的条件中删除"经济原因"；2.加入"胎儿条款",允许残疾胎儿终止妊娠；3.优生保护咨询室为初产孕妇提供指导。由于该修正案事实上禁止了人工终止妊娠,遭到妇女解放人士的强烈反对。同时残疾人团体也发出了"残疾人就应该死吗？"的抗议。1972年,该修正案因审议未决而废案,1973年再次提出,1974年第二次废案。(参考："SOSHIREN女,自我的身体而出"官方网站)

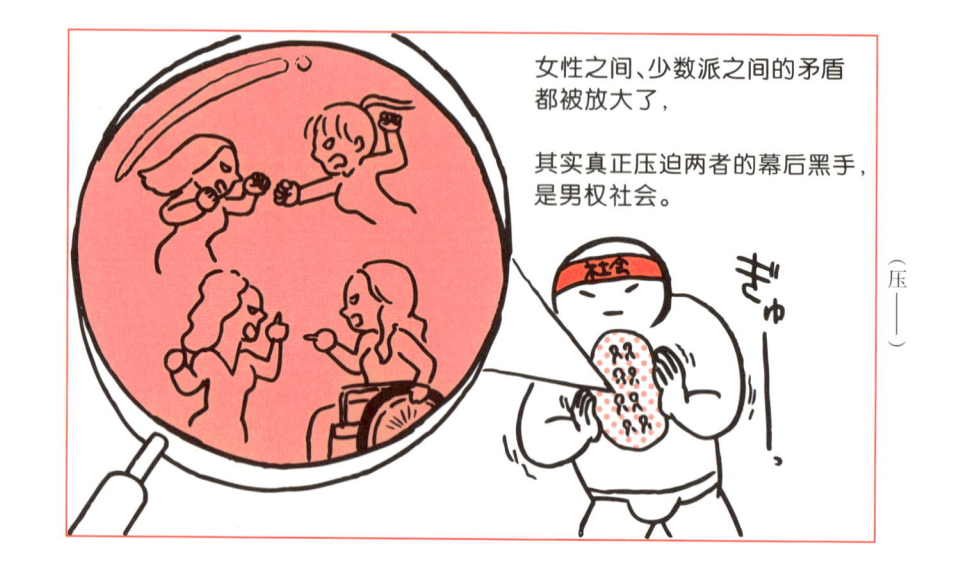

> 女性之间、少数派之间的矛盾都被放大了，
>
> 其实真正压迫两者的幕后黑手，是男权社会。

（压—）

上野 少数派正因为人数少，所以会感到孤立，同时互相歧视。残疾人中也有视觉残疾、身体残疾、精神残疾、智力残疾等种类，但他们不一定能共同斗争。目前我正在做老年人看护的研究，而老年人都会有一点后天残疾[1]。他们可能会有听力下降、视力下降、半身不遂、语言障碍等症状，这些都算是后天残疾。只要某种障碍固定持续半年以上，就可以领取残疾人手册[2]。如此一来，就能领取残疾人年金，还可以依据残疾人综合支援法使用支援费。无论从质还是从量来看，这都比看护保险提供的服务好得多。所以，我跟中西先生也谈道："等我们老了，残疾症状固定下来，就一起搞运动、申请残疾人手册吧。" **然而，最**

---

1 后天残疾：与先天残疾不同，指因车祸或疾病致残的人。
2 残疾人手册：残疾人士领取手册后，可以得到各种支援和服务。其下有身体残疾人手册、精神残疾人保健福祉手册、疗愈手册等，申请条件和援助内容根据地方政策略有不同。

第 二 章　女人曾经如何战斗？今后该如何战斗？

抗拒申请残疾人手册的，往往是老人本人及其家人。虽然领了手册能得到更多援助，但他们就是不愿意承认自己是残疾人。为什么呢？因为他们以前歧视过很多残疾人，不希望自己成为那一群人。

职业女性与家庭主妇的割裂应该怪谁？

田房　同样的事情也存在于女性之间呢。就算她们本意并非如此，但依旧经常出现女性对立的现象。比如，工作的母亲和家庭主妇、已婚者和单身人士、有孩子的人和没孩子的人。

上野　是的。不过现在职业女性与家庭主妇的对立已经跟以前不太一样了吧。我们四十几岁时，社会上还存在"女性靠工作生存很悲惨"的价值观，最近已经没有了。

田房　刚才稍微提到过，我七年前（2012年）生了第一个孩子，当时听到有人说："想让孩子进托儿所的人都很可怜。"我真的大吃一惊。那些人都觉得"肯定是你丈夫工资太低，你才不得不工作"。但是过了五年（2017年），我第二个孩子出生时，周围已经没有人那样说了。所以我觉得，这五年间，日本发生了巨大的变化。

上野　你说的没错。

田房　好像变化特别快。现在反倒是家庭主妇容易被人指指点点了。

上野　家庭主妇之所以越来越不容易当，是因为非家庭主妇的女性变多了。现在职业女性不是也变多了吗？等她们40岁了，就会到达一定的事业高度，有个几百万年薪，穿得英姿飒爽、走路带风。人们当然会开始比较啊。现在已经跟周围都是家庭主妇的时代不一样了。相比我们那个时代，现在的家庭主妇更容易产生相对剥夺感[1]，也就是"我为什么要这么吃亏"的感觉。

田房 的确如此，首先在收入和可自由支配的金钱方面，应该有很大差别。

上野 我们那个时代都是早婚早育，40多岁就能完成育儿。育儿期结束后，女性总得做点什么吧。可是社会上并没有她们的位置。当时连临时工岗位都不像现在这样多，只能自己给自己创造工作。于是，就出现了一群"活动主妇"。这些主妇的专业不是家务，而是搞活动。她们曾经在一段时间十分活跃，积极参加文化、环境保护、食品安全、消协等活动。

田房 还有人加入宗教吗？

上野 没错，还真的有。我们的对手就是创价学会。

田房 因为抢人吗？

上野 嗯，争抢同一个群体的人（笑）。

田房 好有意思！那真是跟现在完全不一样呢。

上野 现在只要有心，就能在社会上找到自己的位置，而且也不缺乏工作岗位。

田房 毕竟有那么多社交平台，只要有创意，梦想就能无限大。

上野 我们经常跟活动主妇打交道，因为她们在当地的人脉很广。那

---

1 **相对剥夺感**：看到别人拥有自己没有的东西，因此产生的主观性不满和欠缺感。

些人都特别有潜力，不少人甚至让我们感叹："如果这个人出去工作，恐怕比丈夫还有出息。"

田房 我懂。老实说，我跟在家完全不做家务不带孩子的同龄男性谈工作，都觉得一点意思也没有（笑）。因为同龄女性说起话来实在太有意思了！

上野 大家都有这种感觉。因为女性的生活经验更丰富。

"活动主妇"的斗争方式

田房 活动主妇的活动也算女权主义吗？

上野 有一个潮流叫作"草根女权"，20世纪80年代以后，日本也涌现出了许多积极活动的女性。她们在各地创建共同托管[1]的设施，举办学习会和读书会，搞地区互助活动。不过她们可能并不认为自己是女权主义者。比较典型的活动主妇就是消协成员。这些人是因为丈夫有稳定收入，自己又有时间，才能展开活动。她们关心的问题多是食品安全和育儿问题，所以相当于主妇联与母亲大会的延伸，与女权主义还有一段差距。女权主义者更偏向于职业女性。她们对活动主妇采取了敬而远之又略有歧视的态度。所以两者的关系比较微妙。

---

1 共同托管：众多婴幼儿家长聚集起来，共同托管孩子。在尚未成为公共设施之前，这种设施有时指未获得批准的共同托管所，有时指独立共同体的托管所。20世纪50年代中期的妇人运动中，主要是参加运动的母亲创建并运营这类托管设施。20世纪70年代妇女解放运动的大潮中也出现了"东京育儿社区"和"龙子共同托管所"等共同托管的尝试。现在，以东京都为中心，各地依旧存在自主托管团体。

田房 职业女性和主妇的对立？

上野 不过啊，人是会变的。主妇在活动过程中可以逐渐掌握领导能力，积蓄力量，最后开始用自己的工作换取报酬。如此一来，她们就很容易超出丈夫一开始定下的"只要不影响家务，干什么都可以"的范畴。这样必然会导致主妇与丈夫的矛盾，从而引发双方的改变。因为这样，有很多女权主义者都是从消协活动中成长起来的。

田房 钱果然厉害啊。我认为，一个人的财力决定了自信。

上野 嗯，说得对！

田房 那就像妻子与丈夫对决的武器。

上野 是的是的。金钱的社会评价是肉眼可见的东西。而无论组织多少活动，只要没有进账，就得不到社会评价。

田房 那要如何换取报酬呢？

上野 比如先举办义卖会或电影放映会筹集资金，然后开办循环商店。最开始可能半年一次或是每月一次，等走上正轨就长期举办。

田房 厉害！就像现在的"Mercari"[1]一样。

上野 到最后，这种活动就不再限于兴趣爱好。因为有遍布整个地区的网络，回收循环会特别顺利。而且还有"抵制一次性社会"的响亮口号。

田房 环保！

上野 妇女们就这样逐渐拥有自信。从20世纪90年代起，人口老龄化渐渐加剧，她们就开始搞有偿互助服务。早在看护保险出现之前，就已经存在很多由女性组成的互助网络。在自己家照顾老人都是白干

---

1 Mercari：日本著名二手交易网站，类似于国内的"闲鱼"。——译者注。

活，去别人家照顾别人的老人就能赚钱（笑）。 她们慢慢学会这些东西，掌握能力和经营方法，等到有了一定积累，看护保险就登场了。这东西并不是从零起步的，而是这些人加入并创办了看护保险。所以那一时期涌现了很多女创业者。且不说那是否叫作女权主义，总之女性的确有这样的战斗方式。

田房 太棒了！您这么一说，我的确感觉有好多人的妈妈都那样。我们这一代人都是这些女性带大的，所以会认为出去工作理所当然。

上野 现在回想起来，我真的很感慨，那时原来有那么多有力量的女性。日本女性能力这么强，又充满了力量，却都籍籍无名。

田房 就是啊！

上野 她们虽然籍籍无名，但我从未小看过家庭主妇。

免费幼保割裂女性

田房 不过现在还是存在职业女性和家庭主妇的对立。

上野 两者的区别在于是否存在货币方式的评价和市场的评价。与其说是对立，不如说是割裂。

田房 有道理！不仅是职业女性与家庭主妇的割裂，还有孩子能否上托儿所的割裂。本来能否上托儿所要看各个行政单位的审查标准和各个托儿所的实际情况，并非母亲之间的对立。但是有的人因为孩子无法入托而不得不辞去工作，并因为这件事感到低人一等，而孩子能入托的人又会感到内疚。这种割裂不就是没有根据母亲需求而创办托儿所的国家引起的吗？

上野　的确如此。

田房　而且，2019年10月开始，幼儿教育、保育不再收费[1]，更加激化了这个矛盾。首先，"妻子想出去工作，但是孩子无法入托，不得不全职带娃的家庭"和"夫妻都能工作，孩子上托儿所还不用交钱的家庭"之间会出现收入差距。而且，设备和师资都良好的托儿所可以全额免除费用，未得到指定的托儿所只补偿部分费用。本来都是年龄相仿的孩子的母亲，应该是志同道合的伙伴，结果就这样被割裂了。这样很过分。

上野　没有人为此发声吗？

田房　我觉得应该发声，但是自己处在享受政策的人群中。每个月能免掉好几万日元的费用，所以我真的很难开口。这种感觉就像我们突然被分为"既得利益的A面"和"没有利益的B面"。要是政府说"那就恢复收费吧"，我肯定也会很不情愿。

上野　这正是割裂的结构。为什么没人发起"用免除保育费的预算增设托儿所"的运动呢？为什么没有政治诉求呢？

田房　真的一点没有。大家都在推特上发发牢骚，互相点点赞，就完事了。或许这样就能发泄掉心中的不满了。就算觉得必须站起来反抗，可是看到安倍政权那个样子，又觉得反抗也没用。反正他们不会听我们说话。我觉得比较重要的一点，是大家都没有成功反抗过的经验……

1　幼儿教育、保育不再收费：2019年10月开始，幼儿园、托儿所、政府指定儿童园的3—5岁儿童，免除住民税家庭的0—2岁的儿童无须缴纳入托、入园费用（未实行新制度的幼儿园，政府未指定的托儿所只有保育费用补助）。这一政策导致部分保育机构趁机提高入托、入园费用，也有部分儿童因为设施规模太小而无法享受政策。

第二章 女人曾经如何战斗？今后该如何战斗？

上野 是啊，既没有经验，也没有成功的体验。因为这些东西没有传承下来，人们不得不靠自己的力量从零思考。田房女士能自己想出 A 面和 B 面的表达固然很厉害，但是有时候我们可以"站在巨人的肩膀上"，因为站得高看得远啊。不用什么事都从零出发，完全可以站在前人的肩膀上，放眼更广阔的世界。我们这一代也得到了上一代大姐姐们的扶持啊。所以，看到我们的经验没有传承到下一代，我感到十分愧疚。因为你们本来不需要从零开始。

田房 的确。

上野 我们明明有很多搞示威游行和集会的经验，但是没有人来讨教（笑）。

田房 我们该怎么办呢？比如这个免费幼保的问题，我真不知道该从哪里开始行动。

上野 可以起草一份请愿书，告诉各个政党"你们的预算用错地方了，请优先保证所有儿童能够入托"，让他们回答"好"或"不好"。同时还要表明立场，仅支持回答了"好"的政党。如此一来，就可以操控政治了。今年夏天的参议院选举本来是个好机会，只可惜已经过去了。可以向所有候选人提出问卷，在网上公布他们的回答。这样就能逼迫他们做出行动。比如搞公开讨论会，还有各种活动，甚至可以网络直播。

田房 对啊！有道理啊！

上野 现在只有被认为需要入托的孩子才能入托，对不对？为什么正在育儿的世代不站出来发声，告诉他们："你必须让母亲没有工作的孩子也入托，既然有预算，就应该优先这个。"

田房 就是啊，您说的没错。

上野 "孩子不能入托日本去死!!!"这本身也是博客上的发言对吧。山尾志樱里[1]议员把这个问题带到国会,安倍晋三的回答却是:"由于发言者是匿名,无法确认情况是否真实存在。"结果呢,很多爸爸、妈妈拿起写着"我孩子不能入托"的标语牌,聚集在国会门前抗议,还被媒体报道了。虽然聚集的人数只有几十人,但只要创造一个有画面感的场景,就能推动政治和舆论。明明只要创造一个这样的机制就好,为什么没有人创造呢?

田房 因为没想到,也不知道可以这样做。

上野 嗯……目前传播得比较广的是反对性暴力的鲜花游行[2]。

田房 是的。我一开始也参加了,后来渐渐不去了。因为我感觉自己好像不太适合参加游行……

上野 没有人真的适合!

田房 啊,真的吗?我不太喜欢在外面跟人扎堆……总会想回到工作室画漫画,做点自己的事情。

上野 那是当然的啊!

田房 啊,大家都这样吗?不过也对(笑)。现在我想,如果不参加游行,有没有别的支持方法呢?

上野 那你就在自己擅长的领域搞活动吧。画漫画就好。

田房 是的,我会用这种方式努力。同时,我又觉得不应该对"无偿幼保"

---

1 山尾志樱里(1974—):立宪民主党的众议院议员。匿名博客"孩子不能入托日本去死!!!"(见 P018 注释)引发社会热议时,在国会上提问了待机儿童问题。

2 鲜花游行:抗议性暴力的示威游行。针对几起性犯罪案件的判决(见 P167),人们产生了愤怒和质疑,并在 2019 年 4 月展开了东京行幸大道游行。从那以后,活动扩散到全国各地,并持续到现在(截至 2019 年 12 月)。

第二章 女人曾经如何战斗？今后该如何战斗？

和"性暴力问题、意义不明的性犯罪判决"保持沉默。可是，就算我能振臂高呼，也没有自信把运动坚持到最后。所以心情特别纠结。

上野 没关系。**如果没有人扔石头，平静的水面就不会翻起波浪。只要翻起了波浪，被影响到的人就可以在各自擅长的领域把它传播下去。**

田房 这样啊……没错，必须要掀起波浪。"无偿幼保"绝对有问题。一部分人可以享受无偿，一部分人却享受不到，这绝对有问题。

上野 甚至可以将其理解为刻意割裂女性，让两边都无法发声。因为政治家都很狡猾。

田房 真的是这样，我觉得他们就是纯粹的坏。这或许不是错觉，而是真相。

上野 而且还用了国民的税金，这种做法真是太低劣了。无论执政党还是在野党，政治家对性别相关的政策都特别不重视。

田房 就是！

上野 要让他们提高这类政策的优先级别，最好的办法就是逼迫。在实施《男女候选人均等法》[1]时，我们 WAN[2] 也上传了数据。当时行动的是个小团队，大约有 10 个人。

---

[1] 《男女候选人均等法》：正式名称为《推进政治领域男女平等法》。该法律要求各政党尽量平衡选举中男女候选人的比例，但不设惩罚规定。2018 年，日本国会全体一致通过。但是在通过后的第一次国政选举中，也就是 2019 年 7 月的参议院选举中，女性候选人仅占整体的 28%。女性候选人占全体候选人的比例从高到低排列，依次为社民党 71%、共产党 55%、立民党 45%、幸福实现党 42%。其余九党全部没有入围，而且最大执政党自民党的女性候选人比例仅为 15%。（参考：WAN 主页 https://wan.or.jp/article/show/8463）

[2] WAN：上野千鹤子担任理事长的非营利性组织"Women's Action Network"的简称。该组织致力于实现男女平等的社会，为女性提供交换信息和组织活动的场所，帮助建立女性网络，为女性赋能。

田房 你们做了什么？

上野 我们把2019年夏季参议院选举的各政党候选人男女比例做成可视化图表并公开了。因为前一年，国会全场一致通过了《男女候选人均等法》，所以我们要检测是否有效。由于媒体不太关心这个问题，必须我们自己来做。在之前的2012年众议院选举时，我们也向所有政党发送了调查问卷，并公布了结果。当我们以"要求性别平等政策"为主题制作调查项目并公布结果后，各个政党的意愿差别就变得特别明显。只要有了网络，哪怕只是个人的想法，也变得更容易传播出去。WAN好不容易办起了这样的网站，希望你们多多利用啊。**有些事情就算说出来也很难改变，如果不说就更不会改变了。**

田房 也对啊。哪怕力量微弱，也要尽可能地投一块石头，以期变成更大的声音！

第二章总结　田房

虽然女性的
选项变多了
结婚
工作
你要娶个好老婆，让你能专注工作。
赶紧结婚，稳定下来。
男人就该养家糊口。
工作 工作
但是人们培养男性的方式依旧……没有改变
一旦结婚、生育，
两性之间的鸿沟就
会突然出现。
这就是我们
这一代人
面临的问题。
啊？为什么我要帮你找托儿所？
明明是你自己想出去工作啊。
工作是可以，但你也要兼顾家务哦。
工作
产后恢复
寻找托儿所
家务
复工
杂事
育儿
妈妈交际圈

第三章

认真思考

婚姻·恋爱·育儿

第三章　认真思考婚姻·恋爱·育儿

将战场转移到日常生活中的女性

田房　我觉得女权主义主要是"为女性争取在社会上活跃的权利",那么,在结婚或恋爱这些私人场合,也可以保持女权主义者的身份吗?

上野　刚才已经提到,我们这一代不结婚的女性很少,并且几乎没有未婚母亲这个选项。因为周围的人会施加非常沉重的压力,自己面临的困难也很多。所以,女性一旦怀孕,几乎都会被迫走进婚姻。通过这种方式走进婚姻的妇女解放支持者和女权主义者通常会与丈夫发生极大矛盾。我们将其称作**"战场从非日常转移到日常"**。革命是非日常的行动。男性非常沉醉于那种非日常,但最后几乎都会败北。然后,他们就会回到女性身边,与她们组成家庭,很快生下孩子。当时,社会上几乎不存在育儿支援,加上人们都是从地方来到东京的年轻人,得不到上一辈的支持。于是情况就变成了毫无经验的男女在大城市拼尽全力养育孩子和维持生活。当时的女性处在那样的社会环境中,必须逼迫丈夫回答:"你究竟打算如何面对我和孩子?"那是一场赌上性命的斗争,甚至女性中间还流行起**"一人一杀"**的说法(笑)。

田房　妻子必须做出弑夫的觉悟!

上野　这句话原本是战前右翼恐怖分子的说辞,意思是:"我们改变社会的革命虽然失败了,但我会花一辈子,至少改变一个人。"

田房　我觉得现代的妻子们应该不太会有那种感觉。

上野　我无法理解你的话。

田房　我成为母亲时,育儿杂志上很流行一种说法:"如果丈夫在家什么都不做，那就把他当成一条狗吧。"我们那一代人通常认为"女人在男人面前必须顺从"。我很想重新启用"一人一杀"的概念。

上野　**无论恋爱还是性爱，他们可能都没有很认真地完成"深入对方领域，打破自我边界"这个步骤。**所谓恋爱和婚姻，就是无论男女都要将彼此纳入自己的人生，让自己进入对方的人生。现在我感觉，你们那一代人并没有认真完成这个步骤。从你们那一代开始，受到的教育恐怕都是不主动、不维持，甚至刻意回避深入他人领域的人际关系。

田房　我觉得应该是。

上野　按照这个标准，你与丈夫的相处方式在同一辈人中间可能比较罕见。因为你们展开了真正的对决。我们那一代的女性可是对男性紧紧相逼。一直逼迫，一直逼迫，直到他们无路可走。就算是去托儿所接孩子这种小事，我们也会逼问："为什么非得我去？""为什么你不能请假？"甚至做一顿饭，也会逼问："谁来做？""你当我是煮饭婆？""你以为你算老几？"

田房　真是咄咄逼人呢（笑）。我认为这样更好。

上野　婴儿潮男性都是被老一辈人养大的，哪怕他们脑子里是革命，身体还是老古董。他们全身心地认定家务和带孩子都是女人的工作。我认识的好几个女性都与那种男性激烈对峙，咄咄相逼，一点都没放过他们。我尤其敬佩其中一位。她跟自己喜欢的男人同居，因为想要孩子而生了孩子，并且在单独照顾孩子三个月后，猛地抱住正要出门上班的丈夫大喊："别走！你要害死我和这个孩子吗？！"当时，如果那个男人说："好吧，等我下班回来再说。"可能一切就结束了。但是那个人停下了脚步，向公司请假之后，坐下来跟她长谈了一番。

田房 真不错。

上野 对吧？那次谈话之后，他换了一份私人时间更充裕的工作。后来她笑着提起这件事说："虽然收入变少了，但我俩的关系变好了。"当时的确有这样的男性，也有像她那样与男性对峙的女性。

"一人一杀"。
从家庭开始改变社会！

田房 自从我出了《我不想再生气》这本书，就有人介绍我是"家暴妻子"。大发脾气、大吼大叫，甚至大打出手，这些暴力行为当然属于家暴。可是，**女性生育之后，对男人发火是关乎性命的事情。** 如果我这样说，可能会被人批判"你想正当化自己的行为"，但我今天就是要说（笑）。妻子一旦怀孕，就必须不断来往于 B 面和 A 面，而丈夫只需偶尔探头看一眼 B 面，实际能够一直待在 A 面。孩子出生后，妻子就必须始终留在 B 面，如果这时丈夫不转而来往于 B 面和 A 面，事情就会变得很糟糕。因为当妻子需要去 A 面时，丈夫必须留在 B 面维持局面。但是丈夫并不明白这个道理，偶尔来到 B 面换个纸尿裤，就觉得自己很了不起。而且男人如果不想换纸尿裤，还可以一撒手说："剩下的交给你了。"他们并非出于恶意，而是会很自然地做出这种举动。

上野 就是这样。他们其实没有恶意，而是身体会自动做出那些行为。

田房 妻子分娩之后，就会发现丈夫背后的狡猾。然而她却过度疲惫，

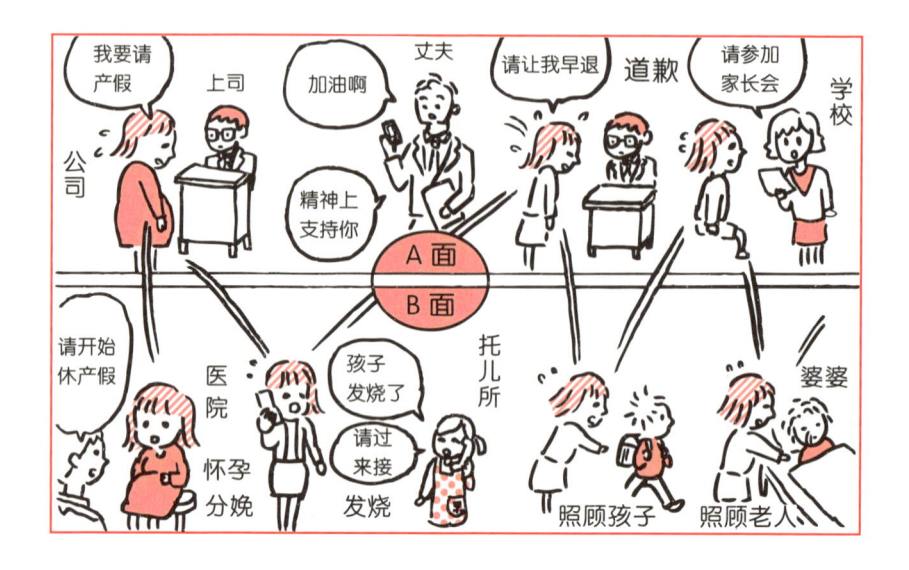

已经无法表达自己的想法，积累到最后就会变成爆发的情绪。这种反抗与男性用暴力威吓女性的家暴行为难道能同日而语吗？

上野 肯定有人会这么认为："女性也会变成暴力的加害者。"

田房 我被骂惨了。

上野 被男权媒体？

田房 不分男女。

上野 其实只要仔细看过你的书，就能理解了。

田房 有的人只看标题就开始骂"这样不对"。但是，女性的暴力也需要深入剖析。如果不这么做，那种暴力绝对会转移到孩子身上。

上野 是的，你说得没错。

田房 这件事需要全社会共同努力。明明需要大家一起讨论，可一些人置之不理，一旦有媒体报道，就会跟着骂"家暴女""妻子狂怒背后的心灵阴影"。我根本推不掉那些采访。

第三章　认真思考婚姻·恋爱·育儿

上野　其实就是男性在逃避。你的丈夫坦然承受了你的暴力,证明他没有逃避。

田房　是啊。我认为还有一个原因,就是那点暴力根本不算什么,对他来说并没有严重到需要逃走的程度。毕竟夫妻之间大多是丈夫的体格更有优势。

上野　所以他觉得那就像被宠物闹别扭咬了一口吗?虽然那点暴力对他来说不算什么,但他没有逃避,也没有用更大的暴力来回应妻子的暴力(而且他有能力这样做),可见你的丈夫其实坦然接受了妻子的诉求。

田房　是的,他的反应类似于"你这么生气,肯定有原因"。他其实在整个过程中游刃有余。我用拳头砸他肩膀,他纹丝不动,直到我离家出走了,他才回想:"老婆这么生气,我得做点什么。"而我呢,已经徘徊在生死的边界了。这跟母亲和女儿的关系一样。夫妻的问题虽然是需要两个人共同解决的私人问题,但同时也是关乎性别和两性关系的社会问题。所以我认为,**声讨丈夫就是声讨男权社会。**

上野　没错。丈夫背后是男权社会的既得利益[1],妻子必须控诉不公。我还认识另一个成果显著的女性。她对丈夫咄咄相逼,最后让他亲口说出了"不要拿我无法负责的事情来责怪我"。他有工作,她没有工作。他工资高,她就算出去工作也拿不到很高的工资。这个差距并非他的责任。她逼男人说出了那句话,我觉得她特别厉害。因为他这句话暴露了自己背后的男权社会的既得利益。

1　既得利益:某个社会集团在历史演变中获取并维持的权利,以及相应的利益。

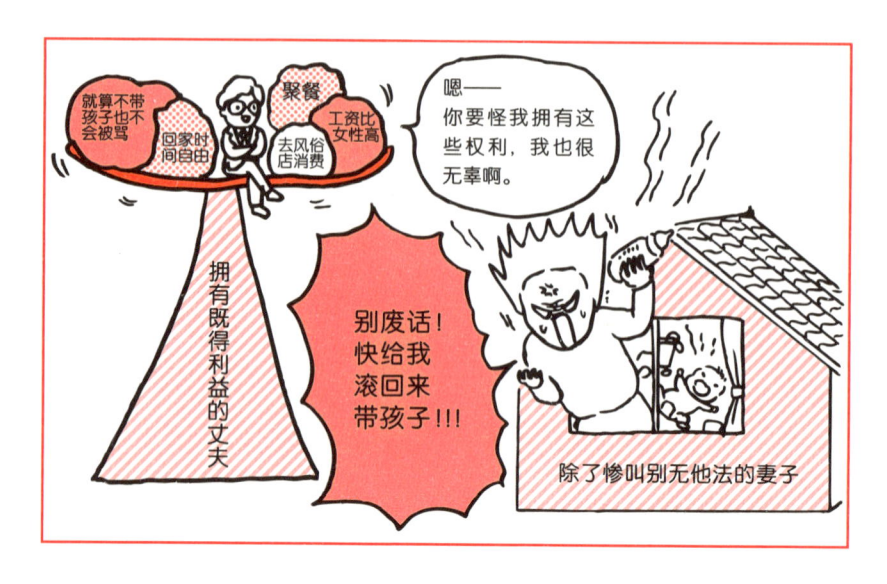

田房 如果说母亲的暴力和干涉会转移给孩子,那丈夫,或者说男性接受的社会暴力是否也会转移到妻子和孩子身上呢?所以妻子对丈夫的愤怒,有很大一部分是对男性这个性别,或者是对男权社会的愤怒。然而实际接收那个愤怒的只有丈夫一个人。所以是不是不能把两者混为一谈呢?

上野 然而男女关系就是要混为一谈,所以正如女性解放运动的标语所说,"个人的即政治的"。这些都会表露在个人与政治的关系中。

田房 我感觉,逼迫丈夫妥协,让他参与家务和育儿,就像击溃了夫妻之间的男权社会。如果不以家庭为单位逐个击溃,就不会有任何改变。

上野 那是当然。如果不这样做,就不会有改变。所以才要"一人一杀"(笑)。

田房 这句话还是要重新用起来才行(笑)。

上野 这原来可是恐怖分子说的话(笑)。不过,在逼迫丈夫妥协的过程中，女性会发生改变，而且必须要求对方也发生改变。为了让他改变，首先要建立起彼此不逃避的关系。不逃避的关系必须由女性来建立，因为男性一有风吹草动就会逃跑。

我刚才说的第一个朋友，如果她丈夫说"等我下班再谈"，他们的关系就会在那个瞬间破裂。因为女性拥有强大的力量去打破那个关系。如果男的在那个瞬间选择了逃避，就再也不会有机会。育儿是女性最忙乱的时刻，如果丈夫选择在这个时刻逃避，女性心中就会积累愤怒和不满。可是，现在的人都在社交网络上发泄自己的情绪，导致夫妻关系很难修复。

男性不会主动改变是因为坐享"男性既得利益"

田房 我身边那些家里有小孩的男性，但凡自动自觉做家务、带孩子的，都经过妻子的严格督促。现在参与家务、育儿的男性已经比以前多了很多，但我觉得，几乎没有哪个人是自发性的。

上野 我也这样认为。只有女性能够改变男性。如果女性不说，男性就不会改变，绝对不会改变。

田房 绝对不会！

上野 他们不可能有自发性的改变。

田房 指望男人自己改变果然是行不通的啊。

既得利益者很难主动放弃权益

上野 理论上是可以的,但就我的经验而言,绝对不可能!世界上的确存在理论可行,实际不可行的事情。

田房 梦幻般的男人(笑)。正如刚才上野老师所说,男性不主动从事家务和育儿,肯定有既得利益的因素在里面。因为那是他们从社会上得到的"男性权益",谁也不会主动放手。所以这正是斗争的重点。为了让他们放开"男性权益",我们必须拼上性命。

上野 是这样的,因为男性本身所处的基础就是这样。他们在没有自觉的情况下,从一开始就保有优势地位,所以对任何男性来说,发现这一点并尝试改变可以说难于登天。正因为这样,我才说只有女性能改变男性。

田房 因为这不是关乎个人的问题。每次一提起"男性权益",肯定有男性会说"我没有"。我们谈的明明是社会和环境有问题,才会导致那种结构,然而男性很难理解这个意思。"一人一杀"也是因此而出现的

第 三 章　认真思考婚姻·恋爱·育儿

吧？我认为，这也属于"个人的即政治的"。社会整体不可能突然改变，但是只要女性们努力改变自己家庭里的男性，整体肯定也会慢慢发生改变。

上野　所以只能每天不断去打破那种男性权益，任何小事都要追究到底。我们要改变的可是男权文化，这是理所当然的呀。假设一个人浸淫在男权文化中整整20年，那我们可能要花同样长的时间去改变他。刚才我提到的朋友就是这样做的。她对男人穷追猛打，直到将其逼至墙角。可是婴儿潮次世代之后的夫妻大都回避这种纠葛，不去干涉对方。

田房　我觉得，家庭主妇有个聊天主题，叫作"说老公坏话"。我不太喜欢这种行为，觉得不如深挖丈夫为何会说这种话，我为何做出这种反应，这样才更有意思。打开推特也能看到好多老公的坏话，比如"老公上次说了很过分的话""老公在家什么都不做"，一搜就能搜到几万条。

上野　我的反应是："在这里说有什么用，直接对老公说啊！"

田房　没错。但是这种话题往往是女性之间互相倾诉，然后就不了了之。

上野　这就叫作发泄。

田房　能发泄掉吗……

上野　能发泄掉一点儿，然后很快又积攒起来（笑）。

婚姻、恋爱，不可小看！

田房　上野老师认为夫妻应该如何相处？

上野　没有什么"应该""不应该"，但婚姻的确是让对方进入自己的生活、自己进入对方生活的重大选择。也可以说，这是一场赌上一切的战斗。可是，很多人因为社会习惯或风俗，以一种随大流的方式进入婚姻。我认为，婚姻不该如此。虽然我没有结过婚，但是跟男性同居过，而同居也是两个人进入彼此生活的行为，在这一点上跟婚姻相同。两个人住在一起，会给彼此增添各种麻烦，而且这种选择一辈子都没有几次。所以我会想："我能一辈子跟这个人在一起吗？我能做出这个承诺吗？"最后，我的答案是："对不起，明年都很难说。"真是太老实了（笑）。

田房 我觉得夫妻关系特别有意思，那就是两个人吵吵闹闹，一起建立起来的东西。

上野 我不知道婚姻与恋爱是否相同，但**在进入彼此生活的关系中，一个人的自我会受到考验，所以那是一个人了解自己的最佳时刻。**狡猾、自大、奉献、充实、宽容，所有这些特质都将会暴露出来。朋友之间不会建立起这种同归于尽的关系，所以闺蜜固然好，但那是另外一回事。

田房 的确，跟闺蜜不会"一人一杀"（笑）。

上野 朋友之间有一种类似"绅士淑女"的关系，就是不去干涉对方，保持一定距离，尊重对方的生活，不把对方拉到自己的生活里。而恋爱是建立分享彼此的关系，所以注定要走进对方的生活。

我认为，如果能有这样的关系，人生应该会更精彩。因为一个人可以从这种关系中学到很多东西。所以我很难理解为什么很多人会逃避这种关系。我从不觉得恋爱是快乐的。恋爱总是很痛苦，几乎像自相残杀。

第 三 章　认真思考婚姻·恋爱·育儿

田房　啊哈哈！无论男女，很多人都不喜欢彼此干涉的关系呢。对我来说，我丈夫是不存在"分开"这一选项的对象。喜欢一个人很简单，可是一直跟他待在一起，难免会发生问题。我跟他的感觉就是遇到问题时越发纠结着彼此，要把每一个问题想清楚、解决掉。

上野　生活就是一些琐事的累积，会体现出一个人的生活态度和价值观。我没有养育过孩子，所以没有资格评论，但是可以说，养育孩子会完全暴露自己的价值观。如此一来，就算可以做出让步，人也会变得无法和解。许多"不可原谅"的事情会井喷。此时如果建立了互相深入的人际关系，深入到足以伤害对方，那么自己也会受到伤害，然后共同学习成长。现在的人不再做这种交涉了吗？我真的感到很奇怪。刚才田房女士不是说，很多人在社交网络上抱怨丈夫吗。有的东大女性毕业生也会这样。我以前的学生只要放育儿假有空了，都会来看看以前的老师。说是有空，她们毕竟在育儿，所以显得手忙脚乱，个个都这种表情（双手托住两腮）。她们还会说："跟老公说什么都没用。"精英女性的丈夫也是精英，工资都非常高，妻子请了育儿假在家带孩子，自己就能专心工作了。所以，生孩子之前和之后，丈夫的生活几乎没有改变。曾经有个女学生在我面前叹着气说："算了，我已经不指望他了。我们完了。"我听到之后，忍不住"啊？"了一声。**"难道你这辈子都要对一个已经完了的对象张开双腿吗？"**

田房　噗哈！张开双腿（笑）！很有道理啊。

上野　然后对方就开始号啕大哭，我都无语了（笑）。我对她说："这种话应该对丈夫说，而不是对我说。"她为什么要逃避这件事呢？

田房　感觉像在逃避麻烦。因为一旦发生了什么决定性的事情，自己也必须做出改变。而她应该没有余力去应对那个改变，所以转而选择了积攒不满，然后在社交网络上抱怨。大概是这种感觉吧。

上野 可是，她眼前摆着一个活生生的人啊。

田房 活生生的人？孩子吗？

上野 没错，孩子可不会等人。

田房 我觉得那种人已经扼杀了自己的整个精神，相当于杀死了自己。我有个熟人给我发信息，说丈夫什么都不做，她很痛苦。明明没有早孕反应，可是坐上电车就会犯恶心。于是我劝她："不如把这条消息的内容全部对丈夫说吧。"最后她丈夫才答应了双休日接手带孩子的任务。都已经这样了，也只是双休日接手。

上野 就是啊。有个年轻的母亲曾对我说："孩子还小，出不了门。"我就问她："双休日不是可以交给丈夫吗？"结果她说："不行，我太担心了，不能交给他。"我大吃一惊。

田房 对对对，压根儿就不信任丈夫。

上野 你连让对方带一天孩子都放心不下，竟然还能跟那种人做爱生孩子！那会不会是因为不想缩短两人的距离呢？不想受伤，不想改变。每次看到从来不发生纠葛的年轻夫妻，我都会想：别小看了恋爱和婚姻。

男人和女人都是，别小看了婚姻！ 我就没有小看婚姻，所以没有结婚（笑）。

田房 如果知道婚姻不能小看，不结婚也很正常！

经过半个世纪，女性的结婚意愿改变了？

田房 我听朋友说，她有个熟人跟已婚男性搞办公室恋情，结果被对方妻子起诉，要她赔偿精神损失。因为那个男的没有离婚，所以他不用付钱，也没有让周围的人知道，可谓毫发无损。女方实在受不了每天在公司低头不见抬头见，最后只好辞职。这让我很难接受。

上野 日本就是这样的社会。向出轨对象要求赔偿的依据，就是自己的私人财产的所有权遭到了侵犯。

田房 私人财产！夫妇互为对方的私人财产……

上野 法律就是这样的。我的想法是："为什么明知道这样，还要做那种约定？"

田房 难道这不是男方跟妻子的问题吗？女方是单身，应该没问题才对。

上野 因为法律认定妻子的所有权遭到了侵犯。男人倒霉就倒霉在有一个会起诉的妻子。可是他也不能提离婚，因为离不开。

我跟你不一样，我是单身，而且从不区别对待已婚者、未婚者，还是有一定经验的（笑）。其中部分对象有一定名气，我还专门准备了一句话来应付万一被周刊杂志曝光的情况。"这是另一方的问题，不是我的问题。"用英语说就是"It's none of my business. That's his business."，厉害吧。虽然一次都没用到过。

田房 厉害！

上野 我们这一代人比较意外的是，妇女解放运动已经过去了半个世纪，为何人们的结婚意愿还没有降低。**为什么日本的事实婚姻没有增加。**很多国家经过性解放后，事实婚姻增加了，登记婚姻减少了。从非婚生子占儿童出生人数的比例来看，欧美很多国家的非婚生子都占到了一半以上。因为有了非婚生子，出生率没有降低。可是日本不登记结婚就不能生孩子，因此非婚生子数量极少。20世纪70年代，《同居时代》[1]这部漫画也曾在日本火爆过，还流行过《神田川》这首歌。当时很多人都在同居生活中怀孕，最后走进婚姻，所以我们预测，下一代的同居情况可能会继续增加。然而，那个预测完全落空了，这让我感到很疑惑。

田房 我身边的女性都认为"结婚理所当然"。年近三十了，所有人就会开始担心"万一找不到人结婚怎么办"。我不希望别人认为我恨嫁，所以一直装作若无其事，其实心里特别恨嫁。

上野 你看到自己的父母，觉得婚姻是如此无聊的事情，还是想结婚吗？

田房 我家父母关系好得异常。

上野 哦，对，你父亲是抛弃了女儿选择妻子的人。

田房 没错没错（笑）。不过我觉得，现在"结婚理所当然"的价值观已经比以前淡薄很多了。然而，日本依旧没有抚养非婚生子的制度和

---

1 《同居时代》：1972—1973年连载于《漫画ACTION》的作品，作者是上村一夫。该作品后来被改编为电视剧和电影，在年轻人中间掀起了同居热潮。

环境，所以想要孩子的人大多还是会选择结婚。毕竟单身抚养孩子负担很重，社会环境又不够包容，难度真的很高。这一点从 20 世纪 70 年代开始应该就没有改变过。说句恨铁不成钢的话，日本是个性别意识极低的国家，[1] 甚至不承认夫妻别姓（日本为夫妻同姓），因此婚姻观和两性观可能很难改变。

女性职员从"新娘候选"变成"战斗力"

田房 过去总能听到"新娘候选"这个说法，最近好像不怎么说了。我觉得，人们已经不再有"女员工是男员工的新娘候选"这种看法了。现在找工作和入职仪式上，男性和女性不都穿着同样的服装嘛。不久前推特上有个话题，说的就是 20 世纪 80 年代到 90 年代的女性在入职仪式上都会穿花花绿绿的服装。不过那个话题的脉络主要是想表达过去大家都很自由，可以展现个性，现在却变得毫无个性了。

上野 要解释这个很简单。因为女性也成了战斗力，开始男性化。公司要求她们具备跟男性相同的战斗力。以前之所以能穿得花花绿绿，是

---

[1] 世界经济论坛（WEF）的《全球性别差距报告》2019 年版显示，在成为调查对象的 153 个国家中，日本排名第 121 位，是史上最低记录。该报告分为"医疗与生存""教育""薪俸与机会""政治"四个范畴。日本在经济、政治领域的女性比例极低。

因为女性只能被录用为"女职"。毕竟以前经常说**"女员工的录用标准是脸、门路，还有与父母同住"**。

田房 连与父母同住也是吗？

上野 曾经是必备条件。那时企业录用女性的感觉是"公司代替家长照顾未婚的千金""让其与我司的优秀员工配对"。所以与父母同住表达了一个态度，就是"我们要招聘好人家的千金"作为新娘候选。

田房 原来是这样啊！

上野 你总算明白了（笑）？

田房 原来与父母同住是家教好不好的评判标准啊。

上野 不仅如此，还有"父母严加看管女儿"的意思。正好与之匹配的就是女子短大的学生。我在女子短大教了10年书。关东地区的人可能不知道平安女学院吧，不过那是号称"西部青学女短[1]"的名门短大。在当时，被知名企业录用，在公司里谈恋爱，最后结婚、离职是"女人幸福"的经典路线。从公司角度来看，这些人都是新娘候选，但是从女方来看，公司也是找对象的地方。一流企业招聘员工需要花费很多成本，因此有女孩子说过："我看男人的眼光不行，公司选中的男人更靠谱。"（笑）

田房 哦呵呵呵！

上野 如此一来，男女在见面之前就已经被遴选过了。在这个范围内下饵，无论钓上来什么人都不会有问题。

---

[1] **青学女短**：青山学院女子短期大学，亦称作"青短"。20世纪70年代后半期到80年代具有压倒性的名誉和实力，毕业生就业前景非常好。2019年以后停止招生。

第三章 认真思考婚姻·恋爱·育儿

田房　这也能叫自由恋爱吗？

上野　这就叫自由恋爱，因为他们是自己选择的。日本各地都存在这样的遴选现象，唯有通过遴选的人能成为情侣。

田房　就像会员制的相亲？

上野　一点没错。因为只有圈子内意气相投的人可以成为情侣，所以对象是谁都可以。大数据调查显示，人们谈恋爱和结婚都喜欢找与自己相似的人，也就是同类。身份差距很大的恋爱极少发生，因此会成为新闻。数据还显示，女大男小的婚姻、远距离的婚姻多数都是相亲而非恋爱。刚才说的"同类"，也包括了学历和出身相近，以及爱好相同。我有一个熟人的妻子是圣心女子学院毕业的大小姐，我问了她五个同学的结婚对象，都是大老板的公子、一流企业高管的儿子、医生、律师这种人。她们都说自己是"自由恋爱"，但我再问她们在哪里结识了对象，竟然都是骑马或坐游艇时认识的。

田房　那些都是天选之人啊（笑）。

上野　没错，早在双方认识之前，已经进行了遴选。在被选中的人里选择任何一个都不差。

田房　毕竟平民老百姓都不会去骑马、坐游艇（笑）。二十几岁时，我在经济产业省做过兼职。我只是碰巧在 *From A*[1] 上看到了招聘信息，其他人都是靠门路介绍进去的。那里有个职员是东大毕业的精英，在我工作了差不多一个星期的时候，他突然若无其事地说："你们都是这

1　*From A*：日本知名人力资源企业 RECRUIT 创办的兼职信息杂志。1982 年创刊，2009 年休刊。

里职员的新娘候选。"

上野　啊，真的吗（小声）？

田房　当时我感到，那个地方的时间真的停滞了。毕竟那可是 2004 年前后的事情。

上野　2000 年以后？可能因为政府机构还残留着很多陈旧观点吧。而且经产省的人每天都要加班，应该很难在外面认识异性，所以干脆用那种方式召集一些出身靠谱的大小姐，从里面选择，保证不出错吧。没想到你也在里面（笑）。

田房　就是，我从 *From A* 不小心混进去了（笑）。

生孩子是父母的利己行为

田房　我二十出头时，日本特别流行"败犬"（见 P008 注释）这个词。经济产业省的兼职里，有好多女孩子都接受了自己是新娘候选的事实，很积极地做小饼干带给里面的职员，努力让他们喜欢上自己。我觉得当时大家心中都有一种恐惧。"要是成了败犬可怎么办""成了败犬人生就完蛋了"。

上野　她们希望得到男权社会的指定席位。

田房　成为败犬的恐惧应该还残留在我们这些正在带孩子的一代人心中，比如"没结婚，没小孩，惨了"这样。

上野　这句话，和你同样属于婴儿潮次世代的男性也能说得出来吗？

田房　我年轻时从来没见过二十出头的男性整天发愁"我得赶快结婚"。

第 三 章 认真思考婚姻·恋爱·育儿

上野 那一代人是不幸的一代，甚至被称作"失落的一代"。抢椅子游戏里的椅子越来越少，男性也有可能得不到正式雇用。男性都希望自己能得到跟父亲一样的白领职员的工作，女性则希望成为那种男性的妻子。当时的男女是否都有这种渴望得到社会指定席位的心情？

田房 应该特别强烈吧。

上野 社会的指定席位虽然只是制度性的存在，但是它一旦存在，就难以避免会产生人际关系。没有爱也能性交，不关心对方也能张开双腿，可是一旦怀孕，就可能会有孩子，而孩子是个严重以自我为中心，不接受任何人糊弄的生物。每个人都曾经是那样的小生物，在父母的抚养下经历过或大或小的矛盾和碰撞，这次则轮到他们自己成为父母。都到这种时候了，他们难道不思考一下自己的夫妻关系会给孩子造成什么样的影响吗（怒）？

田房 应该不会考虑太多。

上野 那么，成为妻子和成为母亲，都只是单纯的生活习惯？

田房 有可能，感觉已经放弃思考了。

上野 太糟糕了。这样日本社会不可能变好……

田房 怎么说呢,我那一代人的普遍想法是:"虽然我跟丈夫两个人外出时都没话好说了,但是还想再要一个孩子,所以会努力。"

上野 为什么那些女性会想跟那样的男人再要一个孩子呢?

田房 并不是想给那个人生孩子,而可能是想要一个"有丈夫和两个孩子的家庭"。丈夫和孩子都是自己人生计划的一部分。

上野 就是想要标准的"幸福家庭"?因为那样能得到社会的认可?

田房 应该有这部分原因,另外也因为"我自己的家庭就这样"。有人对我说过:"我家就有我爸妈和两个孩子,所以我也想拥有同样的家庭。"

上野 可是她自己真的是个幸福的孩子吗?孩子都很痛苦。我每次听到这种说法,都很心疼那些人的孩子。最近已经有部分女性承认"想要孩子是利己行为""想要孩子是为了留住丈夫,让生活稳定下来",换言之,她们承认生孩子是为了自己。可是,这些人难道不考虑一下孩子的心情吗?我没有生过孩子,所以问了很多生了孩子的女性"你为什么要生孩子?",得到的回答都很离谱。"因为婆婆要我生""老公要我生",总之就是把责任转嫁到别人头上。还有人回答"女人应该生孩子""因为怀上了"。我很想问,你自己的选择呢?几乎没有人亲口承认"我想为了自己生孩子"。有一次,我对一个闺蜜说:"不生孩子是利己主义,但生孩子也是利己主义。"闺蜜说:"嗯。"然后我问:"你觉得哪种利己主义更利己?"那个了不起的女人当场大笑着说:"还用问吗,当然是生孩子更利己啊。"父母可以选择生孩子,孩子却无法选择是否出生。所有人都在与父母的关系中经历过种种纠葛。可是,他们为何不思考一下,等自己有了孩子,也会被孩子评价呢。

一切的不重视都会影响孩子

田房 感觉好多人已经放弃了跟丈夫争论、对丈夫提意见。

上野 放弃这些就等于放弃了那段关系。这让我不禁疑问,你都放弃了自己跟这个男人的关系,今后还要对他张开双腿吗?这些人还是小看了婚姻,而不重视这些的后果都会落到孩子头上。

田房 我觉得一点没错……

上野 对吧。

田房 如果一味回避与丈夫的争吵和夫妻关系的变化,只在表面上装作没有问题,那么不出轨就很难维持吧。

上野 孩子很敏感,就算父母不说,也能察觉到空气中的异样。**千万不能小看孩子。**我刚才说不重视的后果会落到孩子头上,那种影响主要有两个方向。一种是适应方式有问题的孩子。他们适应能力很强,但是会变得轻视人生。东大学生就属于那种适应力强的孩子,能够满足父母和老师期待的孩子。另一种是愚钝的孩子。由于无法适应,他们会变得很僵硬。那种孩子很容易出现拒绝上学或受到霸凌的问题。能考上东大,来听我讲课的人里基本没有那种类型。不过我也跟免费学校有过合作,教育经历很长,因此碰到过那种孩子。愚钝的孩子其实对自己更诚实。

满足父母期待的孩子不会做自己想做的事情,而是做父母希望他做的事情。那些孩子也有自己的伤痛。他们不知道自己是谁,喜欢什么,想做什么。无论多不情愿,他也会强迫自己做好一件事。"你究竟想做

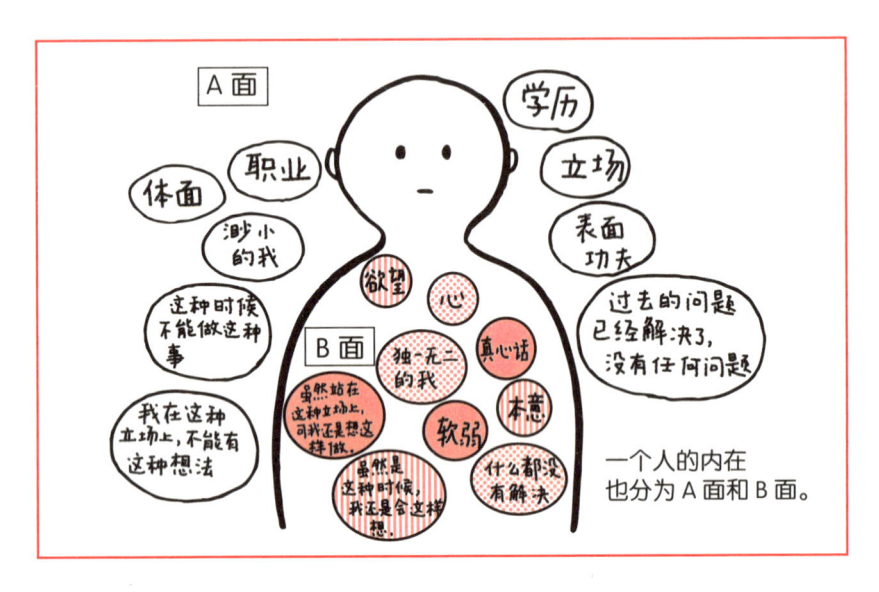

[图示：一个人的内在也分为A面和B面。

A面：学历、职业、体面、立场、渺小的我、表面功夫、这种时候不能做这种事、我在这种立场上，不能有这种想法、过去的问题已经解决了，没有任何问题

B面：欲望、心、独一无二的我、真心话、本意、软弱、虽然站在这种立场上，可我还是想这样做、虽然是这种时候，我还是会这样想、什么都没有解决]

什么？""你究竟喜欢什么？""做什么事情最开心？"这些简单的问题他们都回答不上来。他们很难挖掘到事关人生根基的东西。优等生就是这样。

田房 我认为，一个人的内在也分为 A 面和 B 面。能考上东大的人，都是努力让自己的 A 面符合社会 A 面的人。为此，他们要扼杀掉独一无二的我，也就是自我的 B 面，因为他们不得不这样做。所以一旦被问到"你究竟想做什么？"他们就回答不上来。因为他们从小就扼杀了那个部分。

上野 没错。这不仅会影响到升学，还会影响到就业、婚姻、子女养育。田房女士，你的表达能力真的很棒！他们的确是扼杀了 B 面的自我。那应该是一种令人窒息的生活，但是这些人的感知能力已经退化了，甚至不会发现自己处在痛苦之中。不仅如此，他们还会说"这样更轻松"。有的人还会反过来说："当女权主义者会很辛苦吧。"说实话，**真诚面**

对自己肯定最轻松啊。 高兴就是高兴，不高兴就是不高兴，这样的人生才最轻松，比一辈子扼杀 B 面的自己好多了……你瞧我，已经完全被你的说法影响了。我正在被田房永子污染（笑）。

强行干涉孩子却不打扰丈夫的妻子，逃离妻子的丈夫

上野 让人无奈的是，完全轻视了恋爱和婚姻的人也会生孩子。你说，他们要如何养育那些孩子呢？出现在我面前的东大男女学生，很多都是饱受伤害的孩子。他们为了保护自己而钝化了感知，很多人因此成了性格不好的孩子和惹人讨厌的孩子。但是看到他们，我会想："**二十出头的孩子即使性格恶劣，也不能怪孩子本人。**"我只会感叹："你也受了不少苦啊。""变成这样不是你的错。"他们都受到了父母的伤害，比如母亲的过度干涉，父亲的不负责任。

田房 能考上东大的人，其父母的干涉恐怕很厉害吧。

上野 现在的东京大学不是孩子靠一己之力能考上的学校，他们必须依靠父母的帮助。我那次在入学典礼上发表讲话，围在新生周围的新生家长比新生人数还多。听说每个新生可以带两组家长过来。所以说不只是父母会出场，连祖父母都会前来，一大家子人来见证孩子光荣入学。有一个新生父亲听了我的讲话后，在博客上写了一篇文章，后来被人

骂惨了。因为他说："（上野的讲话）一点都没有问候到父母的辛苦。"

田房 哇哦——（笑）！

上野 他在渴望别人的认可，希望别人意识到"我也努力了！你要承认我！"。（笑）有的孩子可以满足那种家长的期待，有的孩子则满足不了。能满足期待的孩子就考上了东大。那么，满足不了期待的孩子又去哪儿了？田房女士的孩子应该还没到拒绝上学的年龄，所以你跟学校的斗争尚未开始。要小心啊。

田房 我很害怕。

上野 现在这个时代，送孩子上学真的很苦。因为学校要求孩子必须符合标准。那么，不符合标准的孩子会有什么遭遇？孩子的世界也存在霸凌和排挤，因此不符合标准的孩子会很惨。他们必须看父母的脸色长大。那些孩子为什么可怜呢？因为他们虽然能得到父母的爱，但那是有条件的爱。你只有符合我定下的标准，我才承认你是我的孩子。

田房 只要你乖，我就爱你，是吗？

上野 反过来说，就是"不符合我期待的孩子，不是我的孩子"。因为我没有生孩子，所以一辈子都能保持孩子的视角，站在孩子那边审视问题。我觉得，孩子出生后依旧逃避妻子的丈夫，还有不愿与丈夫发生纠葛的妻子都很奇怪。他们眼前那个小生命很快就要开始仔细观察自己的父母了，为何他们想象不到呢？

田房 我也觉得很不可思议。

上野 是不是人际关系的距离发生变化了？婴儿潮世代都很热血，比如热情的上司会介入下属的生活，男人之间会一言不合就互殴，男女关系也野蛮粗暴。那时的人际关系都是毫不客气地直闯对方的内心。现在这一代人已经不那样了吗？

田房 很多人已经把"不跟丈夫说话"当成了大前提，在没有"跟丈夫谈谈"这个选择的状态中思考"我该怎么办"。然后根本没有办法，最后就变成"只能维持现状了……"。

上野 可是，他们要介入孩子的生活。

田房 就是啊（笑）。妻子不去介入丈夫，却要介入孩子。可能觉得介入孩子不会导致一地鸡毛的场面。

上野 因为力量关系不一样。

如果不保持缜密的交涉，夫妻关系就不会改变

上野 如此想来，你这种直率和不容糊弄的性格还真难得呢。有那么多人喜欢你的作品，是否因为她们产生了共鸣？还是想看你完成自己做不到的事情？

田房 经常有人对我说，我的作品"把她自己无法表达的烦闷化作了语言"。不过我在最近写的随笔中提道："一旦开始认真考虑'男孩子的教育'，我和丈夫的性生活就增加到了每周三次。"人们对这句话的评价倒是很两极分化。我写的是自己与丈夫发生矛盾和纠葛，夫妻关系逆转之后的事情。我对丈夫背后的"男权社会"大发雷霆，并且让丈夫这一个体的男性全盘接受了我的要求。**如果妻子对丈夫过度强**

势，那么妻子就要反过来也听听丈夫怎么说，否则关系会变坏。

刚才上野老师说了"丈夫被妻子逼问，最后选择了不去上班"的事情，而一旦关系逆转，女性也要做出这样的行动。因为大家都是有血有肉的人。于是我就写了"这种时候必须也听听丈夫怎么说"。这对于夫妻关系并没有发生巨大变化的人来说，可能意义不太明确。随笔出版以后，我才意识到，可能没几个女人处在立场逆转以后又要烦恼如何与丈夫构筑平等关系的问题。许多对丈夫无话可说的人读到那句话，可能会理解成相反的意思。也就是"说到底，要想家庭幸福，还是得顺着丈夫"。

上野 那就是把你的故事当成了老套的寓言。她们理解成了那是对在跟丈夫发火的妻子说教"好了好了，你还是控制一下情绪"吗？

田房 我明明不是那个意思！你看我用300页说明了不是那个意思（笑）！

上野 因为中间还存在到达那个阶段的过程。

田房 有好多人对我提意见："我本来以为田房女士是女权主义者，结果还是要顺着男人，太失望了。"我特别受打击。

上野 不过你也无须在意。误读是读者不可避免的反应。有的读者会误读，也有读者能正确理解。

田房 目前看来是一半一半。

上野 一半一半也很好啊，因为足有一半读者能正确理解你的意思。

田房 太好了。

上野 我也有很多类似的经历。每次发言，必然会有人误解。正确理解和误解的比例不管是六比四还是七比三，只要正确理解的人更多，我就谢天谢地了。而且，误解的人之后重读也有可能重新正确理解。

田房 也是啊。真希望她们 10 年后可以回过头来再看一遍。

上野 我看了你的书，也觉得很有意思。因为你怒火滔天的时候，丈夫看起来就像一个伟人，而等你怒火平息了，就会发现丈夫的许多弱点和缺点。直到那一刻，你和丈夫的关系才总算对等。然后，你再继续改变力量关系，让自己占据优势，那个立场意味着你理所当然要做出让步。随着力量关系的变化，你们的交涉过程也发生了变化。只有持续不断地交涉，才会发生那种变化。正因为你与丈夫一直保持持续而缜密的交涉，才能得到这个结果。如果不保持缜密的交涉，就无法到达下一个阶段。

田房 真的是这样。这跟什么都不做的人口中的"我对丈夫百依百顺"完全不一样！

上野 那是一种赌上性命的交涉。为何夫妻之间不进行这种交涉呢？他们不赌上性命，却要交缠身体，然后生下孩子。恕我直言，夫妻之间没有这种碰撞，那还有什么意思呢？

田房 我也有同感。哪怕变成混战，也挺好的！

第三章总结　田房

丈夫完全不理解自己，还要教育儿子别成长为那样的人，真的很难。

性别意识？哼（笑）。

又从哪儿学来了新词在这儿显摆。

带孩子不是女人的工作吗？

你可别变成爸爸那样的男人。

???

什么意思？

混乱

我们都是在这样的环境中成长起来的，所以……

你要是不好好学习，将来就跟爸爸一样没出息！

一辈子就完了！

你长大了一定要跟能理解你的男人结婚。

那爸爸呢？

他已经没救了。

放弃　割裂

我认为，与其对丈夫不理不睬，反过来教育儿女，不如同代人（夫妻）激烈碰撞，让孩子看到自身的"成长"过程，反倒更好。

我就是这样长大的！

少啰唆！

让我也去工作，你来做家务！

混蛋东西！

混蛋！你自己想办法！

好我那了做个。

谢谢啦。

第四章

女性主义与性主题。

永别了,大叔式思维!

第四章 女性主义与性主题。永别了,大叔式思维!

叔味浓郁?!
东大陋习?!

田房 上野老师看到现在的学生,感觉跟以前有什么变化吗?

上野 我看到东大的新生,心里都会感慨"又要产出一堆大叔了"(笑)。叔味与年龄无关,18 岁也可以叔味浓郁。当然并非每个人都这样,不过只要看他们对我那次讲话的反应就知道了。一旦提到性别歧视,他们就会自我封闭,做出我不看我不听的拒绝反应。

田房 要么假装没听到,要么发火吗?

上野 看到 18 岁男生竟然完美复制了如此叔味浓郁的反应,我很吃惊。

田房 如果进入社会染上叔味,那我还能理解,年纪轻轻的就成了大叔,这也太……

上野 他们多数是初高中连读的男校毕业生。根据江原由美子[1]女士的调查,男校男生的性别意识更为保守。最近我听说,有人把"同性友爱"(homosocial)[2]说成"homoso"(笑)。我听了很高兴,因为这证明概念已经一定程度上普及了。到处都能看到理解"homoso"的男性集团。

---

1 江原由美子(1952—):社会学家。著有《性别秩序》等。
2 同性友爱(homosocial):没有恋爱和性意义的男性友爱和男性关系,是塞吉维克(P176)提出的概念。同性友爱建立在厌女(misogyny)的基础之上,靠恐同(homophobia)思想维持。与同性恋(homosexual)是不一样的概念。(参考:上野千鹤子《厌女》,纪伊国屋书店,2010)

很多男生在那样的集团中成长，脑子里充满了对女性的妄想和偏见。我调查过东大学生的性暴力伤害案，最多的案例竟然是尾随跟踪。

田房　啊？

上野　主要是理工科男生。他们既没有恋爱经验，也没有交往对象，却因为一厢情愿的想法去尾随别人。东大预防骚扰委员会一开始制定的对策都是预防教师与学生之间发生不正当关系，然而真正深入一查，涌出来的全是跟踪案例！我当时特别感慨，这真是"东大陋习"。女生明明对他们毫无意思，他们却要偏执妄想，追在人家屁股后面跑。

田房　他们可能觉得，既然实验数据跟自己计算的一致，那女生的心一定也是这样吧。

上野　有可能。他们觉得一切都在自己的掌控之中。听说精神疾病中的恋爱妄想几乎全都是被爱妄想，某些人会毫无根据地认定自己是对方深爱的人。如果他喜欢的女性对他不理不睬，就会一厢情愿地解释成"她太害羞""她不敢主动示好"，或是"有人阻碍了我和她的关系，我必须清除障碍"，总之一切都要符合自己的妄想。你瞧瞧这种自大！简直太男人了（笑）。一部分东大男生明明没有过恋爱经验，却对自己有着盲目自信，认为"只要我愿意，随时都能找到结婚对象"。我觉得太厉害了。

田房　是有那种人！有人亲口对我说过："我是东大出身，又在大企业工作，工资这么高，却找不到女朋友，这太奇怪了！"

上野　他们认为奇怪的不是自己，而是女人。

田房　会不会还觉得这是什么阴谋啊。如果跟那种男人在一起，该如何活下去呢……

第 四 章　女性主义与性主题。永别了，大叔式思维！

以女儿母亲的身份思考"性"

田房　**跟踪狂的受害者有 89% 是女性，而加害者有 84% 是男性。**不仅是跟踪狂，咸猪手、强奸、性骚扰这些性暴力的受害者几乎都是女性。现在这个社会，不仅是女性自己，连女儿都有可能成为性暴力的受害者，然而外面到处都能看到专为男性制作的色情内容，甚至日常生活中随处都能看到萝莉控[1]性质的色情产品。我觉得这种状态很异常，但也有人主张这是"表达的自由"。我们无法对一个实际存在的东西说"你不要存在"，对吧。难道真的只能接受吗？

上野　以恋童癖[2]为例子，他们可以妄想，但不能真的与儿童发生性行为。所以真正的性犯罪和性暴力不能存在，我们必须坚决说"不"。可是我认为，我们无法完全控制男性的爱好和欲望，因为不可能控制他们的内心。

田房　真的是这样。我认为人可以自由选择爱好，但是身为母亲，还是会感到担忧，害怕得不得了。如果我自己的爱好会让很多人感到恐惧，我一定也会烦恼不已。并不是说恋童癖就不会烦恼，但是要触及这一面非常困难。难道我们只能一直忍耐着恐惧吗？究竟该如何解释，如何安抚自己呢……

1　萝莉控：日式英语"Lolita Complex"的缩写，主要指对年幼女性产生性冲动的人。该词来自弗拉基米尔·纳博科夫的小说《洛丽塔》。
2　恋童癖：一种性倒错行为，对幼儿、儿童产生性欲望。

上野　我很明白你的感受。看了田房女士主编的那期 *et cetera*[1] 特辑《便利店不再有黄书的日子》后，我特别能理解，也感到了满腔怒火。一个母亲能感到如此强烈的怒火，为何父亲就感觉不到呢？为何家里有女儿的父亲，同时也可以是若无其事购买色情杂志的人呢？我无法理解。日本社会显然对男性欲望格外宽容。所以，就算被嘲讽为"家委会的厉害大妈"，我们也要站起来坚决反抗。如果不表达内心的愤怒，不掀起波浪，什么都不会改变。现在有改变了吧？便利店开始下架黄书了吧？

田房　大型连锁便利店将在 2019 年 8 月之前停止销售成人杂志。但理由语焉不详。一开始是"面向奥运会，迎接外国游客的政策"，后来又加上了"照顾女性和儿童"，实际如何就不清楚了。

上野　这样啊。那原来是奥运政策？

田房　我觉得如果没有奥运会这个契机，肯定不会发生改变。**如果没有奥运会这个男性友爱集大成的运动会，就不会有改变。**

上野　男性友爱的集大成！原来如此，说得真好（笑）。自从有了女儿，你此前一直忽略的问题突然变得十分紧迫了。那么，你女儿的父亲有什么反应？

田房　丈夫的反应没有我这么强烈，还是被我说了才意识到这个问题。针对便利店的黄书问题，我征集过读者意见，有很多男性还沉浸在对

1　*et cetera*：女性杂志，每期由不同的主编制作自己最想表达的主题特辑。由 etc. books 发行。2019 年 5 月发行的 VOL. 1 由田房永子担任总编，探讨的题目是"便利店不再有黄书的日子"。2019 年 11 月发行的 VOL. 2 由山内麻里子和柚木麻子担任主编，题目为"We♡Love 田嶋阳子！"。

第 四 章　女性主义与性主题。永别了，大叔式思维！

"家委会的厉害大妈"的形象

过去的怀念中。

上野　不只是这个问题。很多性骚扰的大叔都说怀念那个"肆无忌惮的年代"。

田房　看到有人说"便利店真的不卖黄书了，好高兴！"，我都能想象到那种兴高采烈的尖叫。进店购物的是女性，黄书专区那些欲望对象是女性，抬头问自己"这是什么"的女儿也是女性，原本这些被无限割裂的身份，现在终于恢复成了一个整体。我真实感觉到，我终于找回了对身体的掌控。

可是，那些认为"便利店没了黄书，心里有点空荡荡"的人就深深沉浸在对过去的怀念中。这个落差实在太大了，而且我觉得这种情形似曾相识。仔细想想，这种结构就像妻子拼命逃离了家暴丈夫，重新获得自由后，找到了痛苦中重生的安慰，而她们的丈夫还站在空荡荡的家里寻思："为什么？怎么会变成这样？"

上野　没错没错，怅然若失："我到底做错了什么？"太迟钝了！由此可见男女认知的鸿沟有多深。

田房　对一方来说连呼吸都是痛苦的时期，在另一方眼中却成了"那时好快乐"。我认为，这种结构也出现在了"便利店黄书"的现象中。

上野 有的男性很狡猾，口口声声辩驳"选择的自由"和"表达的自由"，**我们女性遇到讨厌的事情，就必须毫不掩饰地表示出来。**"我不会阻止你追求自己的兴趣爱好，但是不要拿到公共场合来。"必须要如此不厌其烦地提出反对，事情才会有所改变。

田房 只能这样了。我觉得，如果认为一件事不可原谅，大可以表达出来。只要带着这种想法，事情说不定就会变得更简单。

歼灭大叔式思维！

上野 **所谓强者的特权，就是可以无须对弱者展开想象力。**由于权力关系不平衡，弱者会直接受到压迫，因此不得不思考。弱者必须考虑强者，对强者展开想象力，但强者不需要对弱者展开想象力。所以，他们遇到一些事情，会表现得十分呆滞。比如自己的妻子在公司受到性别歧视，一些大叔会说"大家都这样"，一旦女儿在找工作时受到歧视，就会大发雷霆。

田房 那究竟是怎么回事？

上野 其实这很好理解。**因为妻子是外人，女儿是家人。女儿就像他的附属品。**直到自己的附属品遇到了问题，男性才会有所意识，把它当作自己的事情。到这里还可以理解，可是那些人偏偏想象不到自己的女儿会成为其他男性毫无顾忌的性凝视对象，而他自己也可能对别人做过那种事。为什么大叔就这么迟钝呢（怒）！

田房 就是啊（怒）！

第 四 章　女性主义与性主题。永别了，大叔式思维！

上野　除此之外，还有人会展开更可怕的想象。少数男性看到自己可以掌控的东西中多了女儿这个要素，开始对女儿出手。

田房　我觉得逻辑真的是这样。

上野　就是这样。不仅仅是展开想象，甚至有的人真的出手。不仅仅是公公对儿媳妇的性暴力，还有亲生父亲对女儿的性暴力。

田房　法院还判无罪。[1]

上野　说什么"那是亲情"，其实就是赤裸裸的占有欲和支配欲。

田房　我们对男性解释性暴力伤害时，经常会说："你想象一下自己的女朋友或女儿是受害者，就能明白这有多惨无人道了吧？"我觉得这种说法很奇怪。为什么必须要想象自己的女朋友或女儿是受害者？大可以想象自己遭到性侵害的反感与痛苦呀，为何要把受害人先转化为"自己身边的女人"呢？太奇怪了。

上野　我也很有同感。因为女性是男性的所有物，那种解释只是激发了男性对所有物遭到侵害的愤怒。过去有的男性讲师在反性骚扰研修课程上讲："你们忍不住要出手时，请试着把对方当成上司的女儿或社长的家属。"这句话一说出来就不行了呀。

田房　这句话本身就是性骚扰！我知道了，**对大叔来说，"女人是某个男人的附属品"，而性侵害会损坏那个附属品，就是这个意思吗？**

上野　那种想法只考虑到了男性之间的权力关系，根本不算是尊重女

1　2019年3月，两起亲生父亲对女儿的性暴力被判无罪（见P167表格）。

性。2018年春，财务省前事务次官的性骚扰丑闻[1]曝光时，很多年轻人聚集在新宿东口前广场举行了"#我绝不沉默0428"的游行。一个年轻男性说："这是我们的问题。"由于我们那一代的男人绝对不会说那种话，所以我听了很感动，直夸"说得好！"。因为我一直认为，"性暴力不是女性的问题，而是男性的问题，是你们必须自己思考的问题"。就在我大声叫好之后，那个年轻男性最后又说："请你们想象，如果我们的恋人或妹妹遇到了这种事会怎么样。"我立刻大失所望。没想到最后还是露出了大叔的马脚！

田房　真的是，应该禁掉这句话！我好想扑杀大叔的想象力！

---

[1] 2018年，前事务次官福田淳一对前来采访的朝日电视台女记者反复说出"我可以摸摸你的胸吗？""我可以捆住你的手吗？"。事情曝光后，财务省大臣官房长矢野康治的"愿意成为辩护律师"及财务大臣麻生太郎的"福田就没有人权吗？"造成火上浇油的效果。其后，福田辞职。

第 四 章　女性主义与性主题。永别了，大叔式思维！

上野　他这么说可能是出于善意，但这让我意识到，这个年轻男性也认为"女性的性属性是男性的所有物"，因此大失所望。他们认为"我要保护女性"。**"保护"这个字眼，也是思考男女关系的关键词。**现在这位阿天求婚时，对雅子女士说的就是"我会用一生全力保护你"。

田房　阿天?!您说令和的天皇陛下吧？我还以为是谁呢。

上野　这样叫很可爱呀（笑）。听到那种话，有的女人会心动，有的女人会作呕。

田房　我觉得好吓人。

上野　对吧。可是心动的女人还不少呢。我倒想说："谁需要你保护了。"

田房　还不如让我自由工作。

上野　保护的结果就是无法适应皇室生活。

田房　喂，那叫哪门子保护啊！……

以儿子母亲的身份思考"性"

田房　我有两个孩子，小的是男孩。我发现有很多妈妈都在烦恼，如何防止自己的儿子长大后变成刚才说的那种缺乏想象力的大叔，而且经常有人跑来问我。想请教您母亲如果是女权主义者，儿子会变成什么样。

上野　**母女关系和母子关系完全不一样。因为儿子无法弑母。**我目睹了许多过度尊重母亲的儿子，其中一部分人因为找不到超越母亲的女性，所以一直不结婚。

田房 是啊，真的有人特别崇拜自己的母亲。我觉得那样一点好处都没有（笑）。

上野 我也有同感。

田房 我认识一个崇拜母亲的男性，他的爱好是登山和攀岩。我就想，他肯定是因为无法超越母亲，所以只能爬点什么发泄出来。

上野 所以选择了最无害的兴趣爱好。其实那也是一种生存策略。

田房 听您这么说，的确很无害！我还经常听见别人问："如果母亲是女权主义者，儿子会尊重她吗？"您怎么想？

上野 无论什么人，其私生活都不会有特别坚定的立场。虽说是女权主义者，但她在私生活中可能会双标，可能对一个男人沉迷不已。有的孩子是真的尊重母亲，但是母亲立场不够坚定的时刻，会被孩子看穿。如此一来，就算孩子不开口，其实心里也会轻视母亲，最后选择跟母亲截然不同的女性，以这种方式来否定母亲。

田房 原来如此，儿子可以用这种形式反抗啊。这下婆媳关系可能也会很糟糕吧。

上野 我身边就有好几个女人，她们教育孩子时说的都是"夫妻就是要在工作和生活上相互扶持"，可是儿子最后却脑子空空，和只想当家庭主妇的女人结了婚，搞得她们特别气愤。"反复说多少遍了就是不听！"

田房 好好笑！有时我去办签售会，会听到读者说"我妈怎么怎么糟糕"，如果我回答"那真的很糟糕呢！"，若对方是女性，大都会兴奋地说："田房老师也觉得很糟糕！所以我妈真的很糟糕，原来不是我的错，太好了！"

第四章　女性主义与性主题。永别了，大叔式思维！

可是男性读者一听到我说"你妈妈很糟糕啊！"就会沉默下来，左思右想之后予以否定："……不，我跟田房老师不一样，我妈还是爱我的。"

上野　女儿可以弑母，但儿子绝对无法弑母。

田房　我觉得这是不是跟性有关。女性上了年纪之后，会经历一个与母亲重叠的时期，亲身体验到女性的荒诞，比如："原来40多岁还有性欲啊""原来当了母亲也会想色情的东西啊，那我妈肯定也这样"。但是，男性不会有这种亲身体会，所以总会把母亲神化。

上野　其实不是做不到，只是不想看到，所以不去看吧。他们戴上了扭曲的眼镜。所以说儿子可以弑父，但是无法弑母。男人总有一种妄想，认为世上只有母亲会100%包容自己。无论自己犯什么错，就算杀了人，母亲也会包容。哪怕现实不是这样，他也会认为母亲对他的支配，对他的献身，都是出于对他的爱。正是那种爱，支撑了自己的人格。

田房　儿子真蠢啊……（笑）他们无法逃脱爱的支配，或者说主动深陷其中。

上野　是母亲巧妙地阻止儿子独立，暗自发送"不准逃离我"的信息。

田房　真的会不知不觉这样做，很难主动控制……

上野　祢寝正一[1]先生写过一本看护母亲的书。一个六十几岁的男人，即使被妻子骂"你这个恋母狂"，也要坚持每天去老人院看望年近九十的母亲，而且是跟弟弟两个人争先恐后地去。他还说，后来仔细想想，自己之所以每天跑去看望母亲，是为了跟弟弟争抢母亲的爱。那本书的书名还叫《痴呆母亲吻了我》(笑)！

田房　哦哦哦(笑)！

上野　他母亲一直说"正一，吻我，正一，吻我"，他本人正为难的时候，却被母亲亲吻了嘴唇。然而母亲要怪到儿子头上，突然一本正经地说："正一，你为什么做这种奇怪的事？"一个90岁的母亲和60岁的儿子竟会这样，我看了真是毛骨悚然(笑)。

田房　人在死前会有各种怪异的行动呢。唯独不会大彻大悟，摆脱一切痛苦(笑)。

上野　所以上年纪很快乐，因为眼前的景色会越来越不一样。

田房　好像很多母亲面对高中生儿子的肉体，都会像看到偶像明星一样哇哇尖叫。我今年40岁，儿子2岁，暗中发誓"我绝不会用性的目光打量儿子"，看到她们的行为，真的特别震惊。90岁的母亲竟然亲吻60岁的儿子，我感觉自己就像山里人突然看见了茫茫无际的大海。

上野　有儿子的母亲对那本书评价特别高，因为书中的儿子那么爱妈妈(笑)。

1　祢寝正一(1948—)：作家、诗人。著有《高圆寺纯情商店街》等。

第 四 章　女性主义与性主题。永别了，大叔式思维！

"女权主义者＝性保守"的误解

田房　话说回来，为什么女性既可以对男权社会心怀愤怒，同时又希望男性对自己产生欲望呢？

上野　这很简单，要看女性想在什么情况下被什么人产生欲望。你想接连不断地成为很多男人的欲望对象吗？那不就是性骚扰的环境嘛。只要从这个角度去思考，无论什么人都会明白。我想在这里激发这个人的欲望，但是不希望那个人对我产生欲望。我不想在这种时候、这种地方成为任何人的欲望对象。这都是理所当然的呀。仅仅如此罢了。这怎么会成为问题呢？

田房　也对啊……（汗）。其实有很多人会问："你是一个女权主义者，为什么要跟男人性交？"那种人对女权主义者的理解简直一团糟。

上野　因为那种人缺乏想象力。

田房　伊藤诗织[1]女士通过网络媒体做了多边恋的采访。那是一种参与人数大于"两人一对一"且参与者皆"知情同意"的恋爱关系，而伊藤诗织女士只是采访了他们，就遭到网民的谩骂。还有人说："一个声称'我被强暴了'，以性保守为卖点的公众人物竟然支持奔放的性关系，这种矛盾令人不快。"这种毫无逻辑可言的批判我都不知如何吐槽，然

---

[1]　伊藤诗织（1989— ）：记者。实名露脸曝光了自己遭到的性暴力（当初以"诗织"之名），成为 #MeToo 在日本扩散的契机。著有《黑箱》。

而那些人好像真心这样想。

上野 女性遵从自己的欲望自由地投身性爱，这与"我不希望你在这里对我产生欲望"，以及我拒绝你的行为毫不矛盾。

田房 真的，一点都不矛盾。可是很多人认为"女权主义者＝性保守，排斥性爱和色情"，在他们眼中，女权主义者对男性产生欲望，或是希望激发男性的欲望，都是自相矛盾。

上野 那是他们彻头彻尾的误解。他们把男性看成了一个整体，误认为对自己没有欲望的女性对全体男性都没有欲望。反过来，男性倒是有点像自动人偶，可以在任何场合对女性这一性别产生欲望，单纯得可笑。哪怕是头一次碰到某个异性，他们都会观察对方的性征器官，或是仅仅触碰一下就轻易勃起。正因为如此，性产业才会成立。因为男性的性欲过于简单了！当然，我觉得他们应该多一点羞耻心。他们的萌点真的太单纯了，而且认定自己是这样，所以大家都是这样，其实根本不是。男性会对女性的器官产生欲望，但不会对女性的人格产生欲望。他们唯有将女性的人格还原到器官上，才能产生欲望。每个男性都会无意识地进行这样的物化操作，可是女性并不想成为不确定数量的任意男性的欲望对象。如果一直生活在那种性骚扰式的环境中，真的会感到毛骨悚然！她们只在特殊的情况下，对某个特定的对象产生欲望。就算现在有欲望，也不代表别的时候一定有欲望。这并不矛盾吧？

田房 不矛盾！可有的人坚持这不可能同时成立。

上野 他们为何如此缺乏想象力呢！

田房 就是啊。每次进行女性主义发言，总有人会提很奇怪的问题，让我感叹为什么要掰得这么碎给你讲，你才能听懂。

第四章　女性主义与性主题。永别了，大叔式思维！

上野　干脆就说"我才不想你对我发情"算了。

田房　啊哈哈！结束！

上野　强制结束（笑）！

受欢迎的女人即好推倒的女人？

上野　话说回来，为什么有人会觉得女权主义者的立场和与男性保持性关系是矛盾的呢？

田房　因为平时一直对男权社会心怀愤怒，哪怕想跟丈夫好好相处，一看到丈夫背后的男权社会还是会感到烦躁吧……

上野　的确有这种可能。因为彼此都无意识地背负着特定的历史和社会背景。我不认为性爱是"裸体的交往"。一旦脱掉衣服，双方就不得不直面数千年的男女关系的历史。

田房　数千年?!真的吗（笑）？

上野　为何我是异性恋？为何我能跟男人性交？那是因为我的大脑被植入了异性恋的漫长历史，导致我容易对男性产生欲望。是因为这样更简单！

田房　我第一次听到这种概念！以前想都没想过。

上野　哦，是吗？

田房　是啊！您是说亚当与夏娃的故事吗？

上野　包括那个故事在内，异性恋的历史已经持续了几千年。我们一直在学习并吸收这些历史。**产生性欲的并非性器官，而是大脑。**所以同性恋的人很痛苦，因为他们必须自己开拓不存在范式的性爱。我们这些异性恋就简单多了，因为双方都很容易上道。

田房　糟糕！等等！我的三观有点崩！

上野　这真的那么令人吃惊吗？

田房　我从来没考虑过这件事，没想到性爱竟不只是单纯的裸体相交。

上野　就算脱光了衣服，我们依旧背负着几千年的历史。不然你为何懂得如何行床事？没有一个人能摆脱历史的重负，所以男人很容易就能推倒女人。

田房　啊？很容易吗？

上野　只要女性有那个意愿。告诉你，"受欢迎的女人"意思就是"不费吹灰之力就能推倒的女人"。

田房　啊！我特别想听您具体说说！

上野　啊哈哈哈！

田房　原来易推倒的女人就是受欢迎的女人吗？

上野　男人的自我认同非常脆弱，一旦遭到拒绝就会受伤。所以易推倒的女人，愿意被推倒的女人，就是男人眼中的万人迷。

田房　原来如此！

上野　超简单，对吧？

田房　具体要怎么做啊（笑）？

上野　女人只需要发出信号，表示"我想那个"就好了。如果你想成为万人迷，只需这样就好。

田房　……

上野　哎，你怎么了（笑）？

第四章　女性主义与性主题。永别了，大叔式思维！

田房　我啊，对男人完全没有吸引力。

上野　那是因为你没有散发那种气场。

田房　应该没有。结婚前我还能感觉到身边的男性对自己有意思还是没意思，现在完全感觉不到了。应该说，现在这个世界上，除了我丈夫以外，没有一个男人会对我产生情欲。

上野　换句话说，就是除了丈夫，你对别的男人都失去了兴趣。

田房　这样啊。原来不是别人对我没兴趣，而是我自己失去了兴趣。

上野　因为需求是创造之母（笑）。现在你已经没有需求了。真好。

田房　真好。嗯，真的好吗（笑）？

上野　**需求等于欠缺。**这个词的英语不是"needs"吗？为了填补欠缺，才会有"需求"。也就是说，你现在没有吸引男人的需求，是因为没有欠缺。这样很好啊！

田房　好棒（笑）！

上野　会不会因为你在别的方面得到了满足？你现在已经对男性不感兴趣了吧。

田房　完全不会，我还觉得自己处在欠缺的状态呢。

上野　那是因为你被植入了"万人迷就是这样"的想法。只要告诉自己"我什么都不缺"就好了。

田房　对啊！解决了！

上野　只要露出想要的表情，男人就会围过来。超简单。

田房　我渐渐忘记这点了。

上野　所以说你已经不需要它了。没必要刻意挖掘并不存在的需求啊。

田房　有道理（笑）。

上野 以前有个单身了好几年的人问我："怎么才能找到男朋友啊？"我对她说："你这么多年没有男人都过来了，今后肯定也没问题。"（笑）

田房 因为有需求肯定已经展开行动了。

上野 没错，就是这样。

田房 那只要想不受欢迎的人只是不再需要恋爱或者恋人就好了。

上野 因为她们散发着自己不需要的气场。

我们被洗脑了太多事情！

上野 我高潮时总是会想："这跟剧本写的一样啊。""好简单，这剧本果然够具体。"（笑）

田房 什么意思啊（笑）?!

上野 同性恋人士手上没有剧本，一定很辛苦吧。**异性恋性爱的无聊程度，跟歌舞伎有点像。**歌舞伎是大众戏剧，能够带动观众为之动情流泪，就是所谓的催泪。可是歌舞伎的剧本从一开始就是固定的，"先这样，然后这样"。这些我们都懂，可是到了泪点还是会哭出来。再看性高潮，不也是这样吗（笑）？

田房 您这么一说，好像的确是这样，但我从来没有从这个角度思考过问题。整个过程的步骤确实很清楚。就算跟某个人第一次发生性关系，步骤基本都一样。

第 四 章 女性主义与性主题。永别了，大叔式思维！

上野　一旦被安排得明明白白，事情就会变得很无聊，让人感叹："啊，又高潮了。"与之相比，性少数人群面临着更大的挑战，更像是"辛苦你了，真不好意思"的感觉（笑）。

田房　为啥要道歉啊（笑）？

上野　我有很多女同性恋朋友，她们都管我叫"异性恋的阿鹤"。女同性恋都有"T"和"P"的角色。

田房　什么是"T"和"P"啊？

上野　简单来说，就是男性角色和女性角色。我觉得很不可思议，就问她们："为什么要分角色啊？"其中一个人告诉我："因为在性爱方面，我们只有异性恋的范式可以参考。"听了这句话，我顿时理解了。现在无论男同还是女同，渐渐都不再有角色划分。由此可见，他们对自己的性有了更深的理解。

田房　哇！原来如此，这我也没想过。

上野　性爱也需要学习。我们在无意识中受到了大量洗脑。**为何人在恋爱的时候会意识到这是恋爱？**正因为我们不仅从现代媒体，甚至从《源氏物语》这种古典作品中学习了恋爱的概念，才会意识到"这不就是我在那本书里读到的恋爱吗？"，从而为自己的感情定性。话语对人的束缚力很可怕。英国作家科林·威尔逊[1]在《谋杀百科全书》中分析过一个少年刺死心上人少女的案件。他认为："如果这名年轻人体验过性爱，或许不会杀死他的心上人。"正因为他不懂得用什么方法来

1　科林·威尔逊（1931—2013）：英国评论家、小说家。著有《局外生存》《宗教与反叛者》等。

表达"希望与人发生关联""希望走进对方的生活",才会选择了刺杀。所以,表述经验的文字说明越多越好。这样一来,人们在感到心中小鹿乱撞、被另一个人深深吸引时,就会意识到"这种感情一定就是那本漫画里讲述的'恋爱'"。

反过来说,如果不事先掌握那种话语,人就无法表达。**我们女权主义者一直以来做的事情,就是定义"这是性骚扰""这是家暴"。**只要事先掌握了概念,人就会意识到"这是性骚扰"。哪怕很晚才知道这些概念,也可以重新定义自己以前的经历,比如,"当时心里那种不舒服的感觉,原来是遭到了性骚扰"。如果不把感情变作话语,就无法成为经验。

儿童动漫中
不断蔓延的男女不匹配

田房 如果这样说,那小时候接触到的漫画和动画就很重要呢。因为几乎所有人对恋爱和性的认知,都不是来自家长和老师,而是通过那种渠道获得的。现在的孩子还有社交网络和视频网站,但动漫对他们的影响依旧深远。然而,针对小学男生的动漫,有很多男性对女性产生欲望的场景,女性却完全不具备那样的主体性。

上野 没错。给男生看的漫画里,女性角色特别被动。

田房 粗略划分一下,那些动漫作品里登场的女生角色大致有两个类

第 四 章　女性主义与性主题。永别了，大叔式思维！

型，一种是前凸后翘，让男主人公喷鼻血，欲拒还迎，肯定男性性欲的角色。还有一种是男主人公喷鼻血时，会抄起纸扇猛敲对方的角色。我认为，在这些动漫作品中，已经出现了对女性用途的划分。

上野　不管哪种女生角色，都不存在性欲吗？

田房　不存在。有时会出现非常主动的痴女角色，她一个人承担了"部分女性也有性欲"的解释。《哆啦A梦》的静香同时承担了激起男生性欲和斥责男生的任务，所以会让人产生很无语的感觉。

上野　**媒体是洗脑装置，孩子们一直都在接受洗脑，并在那种文化中成长。**如果男生和女生在成长过程中接触的是完全不同类型的漫画，那他们的成长环境就完全是异文化环境。不同文化环境的人想要凑在一起，自然会发生认知上的不对等。

田房　我认为，日本儿童动画里的性别意识还停留在昭和初期。

上野　这就是你出手的时候！我们需要一个可以对抗性别歧视的异文化角色。必须有人发出信息，告诉别人"这里还有不同的剧本""这里还有不同的选项"。**我们必须用文化来对抗文化。**

田房　我最近就特别有这种感慨。站在母亲的角度，无论说什么都无法让孩子接受。因为那样必然会"破坏表达"，伤害到喜欢那些作品的人，平添许多敌人。所以，还是只能以漫画家的身份上场对抗。

上野　我们那一代人中，最积极投身这件事的就是石坂启[1]女士。虽然她只是少数派。另外，冈崎京子[2]女士虽然是少女漫画家，但也描绘了

1　石坂启（1956— ）：漫画家、作家。著有《比亲吻更简单》《婴儿降临》《厌男》等。
2　冈崎京子（1963— ）：漫画家。著有《粉红》《狼狈》《我很好》等。

许多积极主动的女性角色。如果不通过那些对抗的文化发出信息，就什么都无法改变。并不是说要完全摧毁男生的文化，而是要壮大与之对抗的文化，让两者势均力敌。能否巧妙地向儿童表达，决定了事情的成败。总不能让小学生看我的书吧（笑）。

田房 我现在的漫画风格也无法向孩子表达，但这是我努力的目标。

上野 你有这样的使命感真的很好。少女漫画研究者藤本由香里[1]女士说过，少女漫画的登场人物正在不断变化。现在的女性角色好像都是既肯定自己的性欲，又在事业上能够独立的人。迪士尼动画不也一直在改变吗？大众文化与社会变迁是一种互相影响的关系。

田房 确实，给女孩子看的动漫作品正在改变。然而，针对男生的作品好像没什么改变。

上野 这会导致认知的鸿沟越来越深。如果这些女生长大后不再选择那种男性，就是最好的结果。我们可以用这种方式渐渐淘汰掉认知落后的男性，但是如果对方跳起来反咬一口，那就麻烦了。

田房 因为他们有反咬的权利啊。

上野 不，谁也没有反咬的权利。任何人都没有资格为了发泄怒火而威胁别人的生命和安全。

田房 是啊，也对。

上野 男性漫画和女性漫画之间存在着巨大的壁垒。那么，会不会有男生看少女漫画，或是女生看少年漫画，进行性别跨界消费呢？

---

1 藤本由香里（1959— ）：评论家、日本漫画学会理事。著有《我的归处何在？》等。

第四章　女性主义与性主题。永别了，大叔式思维！

田房　儿童动画好像存在跨界现象，不过漫画杂志就区分得很明显。

上野　那是因为做杂志的都是大叔。

田房　应该是我们这一代的大叔（笑）。

上野　应该让更多男生来看少女漫画。

田房　而且少年漫画讲的多数都是屎尿屁。

上野　啊哈哈哈！

田房　有一次，我在电视上看到给小学男生看的动画片竟然还有"嘲笑人妖"的场景，特别惊讶。

上野　家长真的会放心让孩子看那种漫画吗？

田房　根本无法制止。就算家长制止了，那些作品还是有办法渗透进来。

高潮，这就是我的革命！

上野　孩子再长大一点，还会在网上看成人影片。那已经是彻头彻尾的男性文化，然而他们都在那里学习性爱知识。

田房　我就是完完全全的色情片世代。

上野　好像很多女孩子也会通过成人影片学习性爱知识。她们那一代人都知道爱与性是两种不同的东西。这可能比爱与性一体的高压时代稍微好一些，可是这些男男女女在懂得爱之前就通过色情行业了解了性，被行业洗脑了性的内涵，其实有点可悲。这是我读了雨宫麻美[1]女士的《女子失格》后产生的感想。

田房 很可悲。我们这一代人的性爱观、男女观、恋爱婚姻观都特别薄弱，而且在处理夫妻关系时也一样。其中，对于性的理解尤为欠缺，一点都不充分。

上野 现在发生性行为的难度下降了，可是性爱依旧不自由。

田房 因为这一代人被植入了性爱是男性主导行为的想法。他们认为女性主导性行为有违自然，必然会带上"倒贴"的标签。还有"淫乱"。我读高中时，日本正值女高中生热潮。可是当时的性爱和男女交往，显然都是男生掌握主导权。可能因为我们还是高中生吧，女生们从不考虑自己想要什么样的性爱、如何去选择伴侣。她们想的都是如何打探对方的真心、如何防止被玩弄。

上野 就是能够以被动的身份做出选择。

田房 是的。与此同时，媒体又在积极塑造强大的女高中生。

上野 女高中生这个群体被消费了。

田房 比如卖原味，还有援助交际。我们十几岁就被暴露在这种价值观里了。现在仔细想想，我觉得那就是性暴力，但是在当时，我们只能接受。我曾经跟泡沫世代的女性谈过性，并且十分震惊。我觉得，**我这一代人就是口交世代。**

上野 你是指在性爱方面为男性服务？

---

[1] 雨宫麻美（1976—2016）：作家。自传式散文集《女子失格》（2011）创造了"失格女子"的说法。著有《东京生活》等。

第四章　女性主义与性主题。永别了，大叔式思维！

田房　是的，已经配成一套了，就像汉堡包配薯条一样，性爱一定有这个。

上野　那男女之间互相的性服务没有配成一套吗？

田房　没有配成一套！我认为**泡沫世代是男性服务女性。**因为我跟泡沫世代的人聊起这件事，对方很惊讶地问："为什么要服务男性？"

上野　因为她们生在男性为女性服务的时代。那个时代，女性的价值很高，因为她们具有可以买卖的性价值。

田房　泡沫经济崩溃后，大约 10 年左右就改变了吧。

上野　北原实里[1]女士在《an·an 洗净我心灵》一书中书写了 an·an 的 40 年历史，读完那本书，我的想法是"后来大家都成了卖身女"。你那一代的女性都免费服务男性吗？

田房　我们觉得那是理所当然的。

上野　看那些影片学的？

田房　应该受到了很大影响。因为当时随处可见那些影片的宣传，甚至电视上都在播放新作介绍。

上野　真是个野蛮的时代啊。

田房　虽然我说的话不一定有代表性，但还是要说，我们这一代的男性也十分欠缺性爱的价值观。我跟女性聊天时，总会很快聊起性爱的话题，但是从未听过有谁称赞自己的男朋友或丈夫技巧非凡，经常让她们得到满足的性体验。凡是对性爱满足的女性，其对象 100% 只是性伴侣。

---

[1] 北原实里（1970—　）：作家、女性性玩具商店"Love Piece Club"创始人。著有《不像梅洛斯那样奔跑》《毒女：木嶋佳苗 100 日审判旁听记》等。

所以我很感叹，难怪夫妻之间的无性关系会越来越常见。他们好像根本不在乎女性的心情，而是优先男性的欲望和性快感，觉得那才是性爱。那些人该不会觉得女性根本没有高潮吧？

上野 那也是那些影片植入的概念？

田房 他们好像把女性高潮视作了极为特殊的东西，只有性经验特别丰富的女优才可能有高潮。我还看过把高潮当成超自然体验的成人影片，比如"高潮时能看见烟花""会飞上宇宙"（笑）。别说高潮，很多男性一碰到积极的女性，反而会硬不起来。因此，女性往往需要扮演特定的角色，让男性能够畅快地产生性欲，这样很不自由。

上野 就像刚才聊到的男生漫画一样，现在依旧有那种感觉。

田房 女性也有性欲，也跟男人一样可以得到性高潮。为什么如此理所当然的事情却变得如此困难呢？

上野 森瑶子[1] 37岁那年写了出道作《情事》，开篇是"夏日正要终结"，主要描写了35岁以上已婚女性的性爱，当时特别受欢迎。她在书里写道："我想疯狂做爱。"看到那句话，我心想："啊，我正在做。"（笑）

田房 真的吗（笑）？！

上野 不过现在性欲减退得还算顺利（笑）。

田房 女性性欲的高峰期是什么时候啊？

上野 每个人不太一样，大概都是35岁以后吧。跟男性的高峰期可能有点不一致。

---

[1] 森瑶子（1940—1993）：作家。著有《情事》，译有《斯佳丽》等。

第 四 章　女性主义与性主题。永别了，大叔式思维！

田房　我听说到了 40 岁很厉害呢。

上野　以前也经常听人这么说。

田房　完全没有那种感觉啊。

上野　哦？（笑）随着年龄的增长，性爱的质量可能会提高哦。性爱也是有质和量之说的。现在发生性爱的难度下降了，但是性爱质量也有所下降。这让我不禁想：我们搞的性革命到底是为了什么？巴黎五月革命时明明有人打出了"高潮，这就是我的革命"这条标语（笑）！

田房　希望有人再写一次，可以挂在天空树上。

上野　必须保证那不是"老子"的革命，而是"老娘的革命"（笑）。

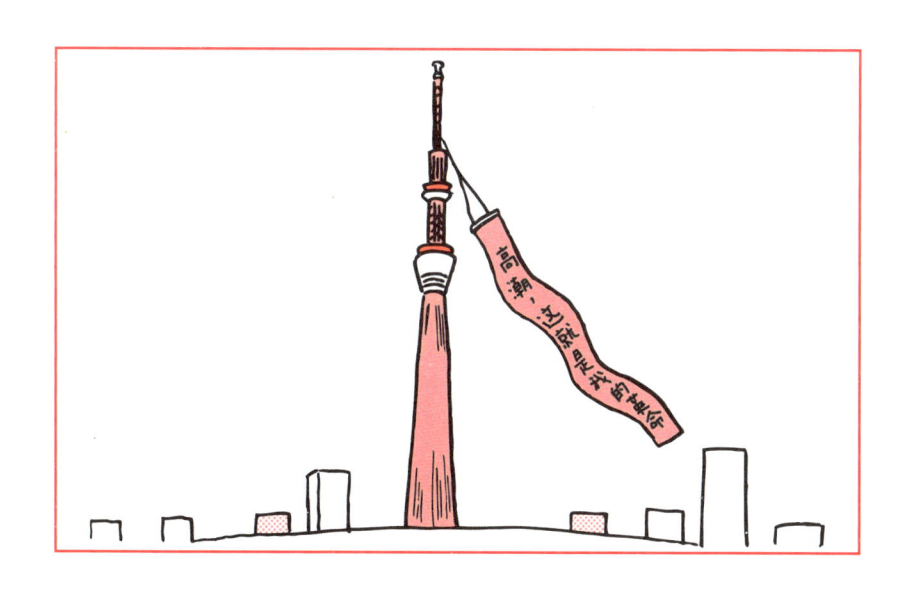

第四章总结　田房

外国电视剧经常能看到"带孩子的辛苦"和"解决办法"。

> 我四年没睡觉了。
> ——三胞胎的爸爸

10年前的喜剧片《老友记》。

> 这是你生孩子以来第一个自由的晚上呢。
> 谢谢你帮我带孩子。

故事一开始就设定了前提，唯有周围的人全力支持，女性分娩后才能拥有自己的时间。

在日本，对外部传达同样的事情时，当事人必须表现出"悲壮"和"迫切"。

> 我可能会害死孩子。

\#救救多胞胎妈妈 紧急新闻发布会

纸尿裤广告

> 我很理解你！
> 这是最困难的时期呢。
> ←妈妈前辈的讲述

这是一个母亲之间互相安慰，无法让外界理解其痛苦的世界。

换句话说⇩

"普通人"都觉得带孩子不辛苦，你也没问题。

ボンヤリ…（呆愣……）

生孩子之前，男方女方都不懂

ボンヤリ…（呆愣……）

生孩子之后，鸿沟巨大。

> 不要光顾着当妈妈，也要当个好女人哦。
> 这王八蛋说啥呢。

大叔式发言／连骂的力气都没有

初高中应该安排育儿实习课程。

减少男性的大叔式发言

提高青年避孕率

指日可待

第五章

我是女权主义者？

第五章　我是女权主义者？

女权主义者不受欢迎、讨人嫌、受欺负？

田房　我从来没说过"我是女权主义者"。别人会说"田房女士是女权主义者",于是我就想:"我可能是女权主义者吧。"直到现在,我还是没能确定。

上野　我能问个问题吗?你对女权主义者持有什么样的印象?

田房　我觉得女权主义者就是自由的女性。她们可以直言"不要就是不要",而且没有上下关系。

上野　你从哪里得到了这个印象?

田房　是北原实里女士。10年前,我去听了北原女士的现场谈话。在此之前,我一直觉得"女权主义"离我很遥远,直到听了谈话,我才猛然意识到:"原来我的想法就是'女权主义'啊!"不过,我还是不太愿意公开宣布"我是女权主义者"。

上野　那是为什么呢?

田房　因为社会上完全不存在那种氛围。

上野　如果你承认"我是女权主义者",就会遇到不好的事情?

田房　是的。甚至有人劝我"最好别说出去"。只要我想搞女权主义的活动,就会有人,主要是跟我同辈的人劝说:"你最好别用女权主义这个词。""最好用活动家代替。"

上野　那是地下女权啊，就像地下基督徒[1]一样。也有人对我说过同样的话。

田房　地下女权（笑）。

上野　有人告诉我，最好别在书名上使用"性别"或者"女权"，因为读者会回避，导致卖不出去。当然我不知道这是不是真的。

田房　当时我苦恼了好久，后来决定应该刻意使用"女权主义"和"女权主义者"才对。有了女权主义者前辈们的努力，我们才有今天，所以我想把她们囊括进来。而且我觉得，既然这些字眼给人的印象这么差，那让人们改变这个印象的过程肯定很有趣。尽管如此，我私底下还是无法直言"我是女权主义者"。

上野　你在良好的环境里遇到了良好的女权主义者范本，因此能够形成较好的印象。但是一般来说，人们更容易受到媒体负面宣传的影响。有一代人认为"女权主义者就是田嶋阳子[2]"，那一代人只对田嶋阳子在电视节目上遭到谴责的事情有印象。

田房　我那一代人就这样，他们都觉得"女权主义者＝田嶋阳子＝男人不爱"。

上野　负面印象？

田房　特别负面。

上野　不受欢迎、讨人嫌、受欺负？

1　地下基督徒：江户时代，幕府发布禁教令，镇压日本基督教，部分信徒转为地下活动，固有此称呼。

2　田嶋阳子（1941— ）：女性学研究者、法政大学前教授、参议院前议员。1990年以后，以意见领袖的身份活跃在综艺节目等电视节目中。著有《其名为爱的支配》《女主人公为何被杀》等。

第 五 章　我是女权主义者？

田房　容易被人嘲笑、被人轻视。田嶋阳子女士的这种形象格外鲜明，除她以外应该没有别人了。

上野　其实她并不孤独，那只是媒体操作的结果。最近好像有人开始重新审视田嶋阳子了。有人以"媒体与女性"为主题，研究田嶋女士的影响，*et cetera* VOL.2 的特辑不也是《We♡Love 田嶋阳子！》吗？进入这样的时代，让我感慨万千。其实田嶋女士人特别好，还是个优秀的研究者，她应该得到更好的评价。

就是要以抵制的方式强迫电视节目和广告吸取教训

田房　我们这一代没有田嶋女士那样宛如女权主义者标志的人。

上野　你那一代已经学到了"干那种事没好处"。因为很容易被人针对，被人嫌弃。与我同时代的标志型人物是田中美津女士，她真的是家喻户晓的人物。我主要在文字媒体活动，而经常在电视节目上登场的女权主义者，基本只有田嶋阳子女士一个人。媒体并不会主动聚焦女权主义者，就算聚焦了，也不会给予公平对待。于是 20 世纪 90 年代以后，我就放弃了曝光，因为太没意思了。其他女性应该也是看到田嶋女士的遭遇，认为最好放弃，所以我们没有媒体上的代表人物。

最近上映了一部电影，讲的是美国史上第二位联邦最高法院的女性大法官鲁斯·巴德·金斯伯格[1]（RBG）。美国就有贝蒂·弗里丹[2]和RBG这些20世纪60年代以后的女权主义代表人物，但日本没有。就算有，也只有负面印象。

田房 上野老师应该能成为代表人物吧。

上野 我已经是走下坡路的人了，如果没有积极向上的上野可不行。然而，我已经是老年人啦，希望你不要搞错！

田房 我还以为您今后会继续出头呢……（笑）。

上野 我40岁之后就跟电视完全绝缘了。既不看电视，也不上电视。因为太浪费时间。

田房 电视的世界的确很可怕。

上野 对啊。遥洋子[3]女士主要在关西媒体活跃，但她却说自己是"被欺负的女性的典型"。她在媒体上的主要任务，就是被别人嘲笑单身，结不成婚。

田房 有的节目还把搞笑女艺人说成"丑女公主"呢。

上野 丑女？什么年代了还用那种说辞?!

---

1 鲁斯·巴德·金斯伯格（1933—2020）：美国联邦最高法院大法官、美国自由人权协会（ACLU）成员，致力于女性权益保护项目，以律师身份参与了众多性歧视案件审判。1993年被时任美国总统克林顿任命为美国史上第二名女性大法官，一直工作到去世。有纪录片《女大法官金斯伯格》（2018年制作/美国）。

2 贝蒂·弗里丹（1921—2006）：女权主义运动家。《女性的奥秘》（1963）对女性解放运动产生了重大影响。1966年成立美国最大的女性组织"美国全国妇女组织"（NOW），担任会长到1970年。

3 遥洋子：日本艺人、作家。1997年进入东京大学，师从上野千鹤子。著有畅销书《在东大跟上野千鹤子学吵架》（2000）。

第 五 章　我是女权主义者？

田　房　　解　说

《舞动！秋刀鱼御殿！！》

明石家秋刀鱼邀请众多嘉宾畅谈的人气节目，每次都会根据节目主题邀请不同嘉宾。几乎所有主题都会触及外貌美丑、地域差别、已婚单身等"不同之处"，有强调"差距"的倾向。"美女与丑女"的主题曾在2018年遭到网民谴责，但在2019年，该节目再次使用了"丑女公主"的说法。

田房　那个节目就是《舞动！秋刀鱼御殿！！》。

上野　没人骂他吗？

田房　那时候已经没有人站出来了。

上野　最近只要出现性别歧视的广告，马上就有人骂。

田房　的确是。过去怎么样？

上野　日本第一个被控诉性别歧视的广告，是1975年好侍食品工业的泡面广告。"你做、我吃"的广告词受到了很多人投诉，已经可以说是历史性事件。樋口惠子[1]所在的"女性行动促进会"[2]发起了抗议，认为那条广告强行灌输了性别分工的概念。后来，广告以"商品更新"

1　樋口惠子（1932—）：评论家、NPO（非营利性组织）法人"改善高龄社会女性会"理事长，著有《独身老人的人生咨询》等。
2　女性行动促进会：1975年成立，1996年解散。主要以支持妇女解放运动的30岁到40岁女性为中心，呼吁被割裂的女性团结起来。曾经抗议女性播音员的性别分工、要求男女同修学校的家庭课、推进学生花名册男女混合。1985年改名为"行动女性会"。

为理由停止播放了，但是媒体依旧批判这件事是"少数派的歇斯底里"。不过现在只要网上骂起来，企业就会立刻撤掉广告。

田房 然而仅仅是撤掉，并不会改正。他们压根儿不知道女性在抗议什么，也不愿意思考，只是想躲过风头而已。

上野 就是这样的。对于性骚扰这件事，绝大多数男性一开始都很委屈，觉得"我做错了什么？"。后来官司越来越多，胜诉率和赔偿金额越来越高，男性和企业才意识到"这样做会很麻烦"。

田房 看来要改变只能这样，不能期待他们自己变好。

上野 因为男性的文化在我们眼中是异文化，只能让他们一点一点吸取教训。

女权主义者的形象改变了！

田房 在 2018 年底，就连理解女权主义的女性也对我说"你最好别在活动名称里提到女权主义"，现在（2019 年）好像突然没有那种感觉了，仿佛女权主义和女权主义者渐渐失去了沉重的语义。

上野 我也有这种感觉，气氛的确发生了改变。应该是因为伊藤诗织女士的发声吧。**这次的女权主义高潮，跟妇女解放运动高潮不太一样。**妇女解放运动虽然一度高涨，但是当时的社会反应比现在冷淡很多。媒体甚至一直批判妇女解放运动。现在则大不相同。

第 五 章 我是女权主义者？

田房　自称女权主义者的人如同雨后春笋般出现，然后又有了上野老师的东大演讲。明显可以感觉到社会趋势在发生很大变化。

上野　有很多人都毫不犹豫地自称女权主义者了呢。你那一代人普遍对女权主义持有负面印象，认为"暴露身份没有好结果""不想与男性为敌"。可是下一代人，也就是现在 20 岁到 30 岁的人群对女权主义则没有负面印象。可能因为一无所知，所以会感到新鲜好奇，认为"女权主义者真敢讲"。不过这也有好有坏，就像我对你的"A 面 B 面"之说怀有复杂的感情一样。现在的年轻女性虽然对女权主义没有负面印象，但也没有正面印象。换句话说，我们的努力完全没有得到传承！

如果女性聊起自慰的话题，年轻人可能会觉得很新鲜、很刺激，殊不知我们半个世纪前就已经在聊这个了。**历史出现了断裂，中间没有传承，蓦然回首，竟发现背后无人。**

田房　有的女孩子还觉得那是从国外传进来的新潮概念呢。我们这一代的女权主义者代表人物是田嶋阳子，现在那些十几岁女孩心目中的女权主义代表人物则是艾玛·沃特森[1]。

上野　我听说过她。现在的年轻人果然还是通过外国接触到了女权主义概念啊。本来一直延续下来的东西，变成了"重新发现"。我总是在想，为何断裂如此严重？社会气氛的改变固然可喜，可是，我们这半个世纪的努力又变成了什么？为什么没有传承下来？甚至有人说"世界没

1　艾玛·沃特森（1990—　）：英国女演员。因饰演《哈利·波特》系列电影的女主角赫敏·格兰杰而闻名，近几年以女权主义者身份积极参与募捐和发表演讲。2014 年被任命为联合国女性亲善大使，同年在联合国发表"He for she"的演讲，引起热议。2019 年出席 G7 两性平等咨询委员会。

有改变都怪女权"。我们就这么无力吗？我们的确很无力，但那是我们的错吗（笑）？

田房 女权主义之所以能突然兴起，还是多亏了长时间的酝酿和培养啊。这几年，女权主义性质的小说和漫画不断出现，各种领域都有人站出来发声。我认为，这就是以女性斗争的漫长历史为基础，从妇女解放运动一直延续下来的成果。

上野 那倒是。我们的下一代人无论男女都受到过女权主义的洗礼，所以部分男性也认为如果没有女权主义，就无法进一步发展。比如中森明夫[1]和山崎浩一[2]那样的文字工作者，还有星野智幸[3]那样的作家。他们那一代男性也接受了女权主义的洗礼，认为不正视这个问题就无法前行。反过来，部分男性也对女权主义持有嘲讽的态度，这也证明他们的确受到了洗礼。

田房 其实并不是突然有人冒出来自称女权主义者，而是那些人在成长过程中都接触到了上野老师的书，还有妇女解放运动吧。就算那些人没有直接的认知，但也是在上一辈人辛勤耕耘过的土地上成长起来的。

上野 但我还是认为，我们缺乏传承的方法。此前，我在一所大学做了关于"慰安妇"的演讲，有个男生说："老师讲的慰安妇和我了解到的慰安妇完全不同。"于是我问他："那你从什么地方了解了这些事情？"男生回答："小林善纪[4]。"我又问他："你看过我的书吗？"他反问：

1　中森明夫（1960—）：作家、偶像评论家。著有《东京刺头少年》等。

2　山崎浩一（1954—）：专栏作家、评论家。著有《危险的文章讲座》等。

3　星野智幸（1965—）：小说家。著有《人鱼的觉醒之歌》《长夜未了》等。

4　小林善纪（1953—　）：漫画家。著有《傲慢主义宣言》《天才少爷》等。

第 五 章　我是女权主义者？

"上野老师那边没有画漫画的人吗？"我只好说："对不起，没有那个本事。"（笑）

　　事情做得再好，也要看传承，因此需要很好的方法。在这一点上，田房女士就掌握了方法。听说雨宫处凛女士年轻时同时参加过左翼和右翼[1]团体。她说，左翼团体喜欢使用晦涩的言辞，右翼则会用简单易懂的话语，而且右翼的大叔们都很和蔼。我觉得这个方法也不错啊（笑）。

田房　您的意思是，如果女权主义换一种表达方式，可能会更加利于传播吗？

上野　问题就在于我们并不清楚这点。究竟是我们的方法不好，还是阻力太强？因为我们已经很努力表达了，媒体却完全不理睬。就算提到我们，也全是歪曲的报道。有时还会拿我们当反面教材，警告人们"做这种事会很倒霉"。

　　我十分痛恨媒体。不久前还有媒体跑来问我："现在外国那么流行#MeToo运动[2]，为什么在日本却流行不起来？"我真的特别生气。日本有那么多运动，只是你们不报道而已啊，到底是我们没运动，还是你们没来采访啊？财务省前事务次官性骚扰丑闻时，我们为了呼应

1　左翼和右翼：定位政治立场的用词。按照传统意义，保守势力为右翼（右派），而进步派、革新势力则为左翼（左派），但具体思想内涵和范畴会因时代和国别略有差异。
2　#MeToo运动：推特及Instagram上发起的话题，分享自己遭到性骚扰等侵害的经历。

2017年，好莱坞电影制片人哈维·韦恩斯坦涉嫌性骚扰（后被起诉性暴力等罪名）的消息曝光后，众多受害者主动站出来分享自己的经历。这一话题火速传遍全球，在多地引发了大规模抗议活动。

#MeToo，召开了以"#WithYou"为口号的紧急集会。当时一名女性记者想来取材，却被领导说"没有新闻价值，别去了"。

田房 价值……

上野 是不是很过分？所以我特别痛恨媒体。更何况田嶋女士又遭到了那种对待。不过我认为，田嶋女士对自己是很自豪的，因为她在参议院选举的比例区拿到了50万选票。这成了她极大的自信源泉。因为给她投票的女性遍布日本各地，都用选票的方式告诉她："你说得好。"她的演讲也特别火爆。在这个意义上，坚持在电视媒体不断发声的女权主义者可能只有田嶋女士一个人，但是受到她的影响，全国各地都涌现出了众多女权主义者。

男人很清楚自己的权力优势

田房 每次女权主义者提出抗议，或是发表意见，都会有人跑出来说"女权主义者肯定很讨厌男人吧"或是"你们是不是想篡夺男权社会"。

上野 还有"女权主义者是不是想当男人啊？"，这是彻头彻尾的误解，而且是特别"男性化"的对女性主义的误解。我在东大演讲中提道："女性主义绝不是弱者试图变为强者的思想。女性主义是追求弱者也能得到尊重的思想。"有好多男性都跳出来说："我头一次听到这种定义。""你说的不对吧。"**人只能凭借自身的经验去理解他人，所以女性一旦主张权利，男性就只会理解为："哦，你想变成我啊。"**这是男性想象力的局限，而且这种理解意味着权力游戏中出现了新的竞争者，

第 五 章　我是女权主义者？

他们自然会认为自己的地位受到了威胁。不过在我们看来，则是"我才不想变成你那样！""谁要变成这么无聊的生物啊！"。（笑）

田房　真的，太有同感了（笑）！一有人抗议，他们就条件反射地认为"你想造反？"，这种反应就证明男性知道自己占据了支配地位。

上野　他们肯定知道自己拥有权力优势，绝不可能毫无知觉。很多男性认为自己没有沾到权力的光，自己吃了亏。他们之所以这样想，是因为心里觉得自己身为男性，应该沾到光。

田房　他们心里清楚得很吧！心里清楚却不明说，这也是一种权力呀。其实也有人假装毫无察觉吧。一旦提到女性主义的话题，有的男性就会说"我代表广大男性向你道歉，对不起"，还说什么"生而为男，我很抱歉"。每次听到这种话，我都会浑身不舒服。

上野　为什么会浑身不舒服呢？

田房 那些都是心里没有恶意，反倒想站在我们这边的男性吧。所以我很难对那些人说什么坏话。本来女性歧视的问题就是个深远而宏大的话题，个人对个人道歉完全无法解决。一听到他们说什么"我代表广大男性道歉"，我就特别生气。

上野 那种说法就像在表达"我不想再听你谈论这些"。

田房 那句"对不起"不会让任何人得到幸福，也没有表达出任何歉意。这本来就不是个人的控诉，他们却用一句"对不起"随便打发了。

上野 男性要么趾高气扬地否定，要么选择逃避，不会有第三种反应。

田房 **我真想消灭"生而为男，我很抱歉"这种说法！**

上野 与对方交涉，逐渐改变对方，这种行动需要消耗极大的能量和漫长的时间。有的男性值得女性投入人生的能量和时间，有的男性则不值得。**投资意味着爱，我们只能去改变自己想改变的男性。**

田房 是吗？原来所谓家庭中的"一人一杀"，就是这个意思啊。这种行动的确需要很大的能量，除非真的很爱一个人，否则无法投入到这种纠葛当中。

上野 很多男人不值得我们投入能量，投入了也是白费。

田房 偏偏那种男人认为自己很了解女性主义，总是会聚集过来……

上野 哈哈！真的会聚集过来（笑）！遇到那种人，你不会冷嘲热讽吗？

田房 我会懒得理睬。

上野 那我还比你好心一点（笑）。那种人只要一受到嘲讽就会露出马脚。我会毫不客气地反问："你刚才说啥？""这跟你刚才说的不太一样啊。""什么对不起，你说说自己错在哪里了？"

第 五 章　我是女权主义者？

"女权主义者 = 想当男人的女人"的误解

上野　1985 年制定《男女雇用机会均等法》[1]时，很多男性都表现出了"有本事别当女人了，来跟我抢"的态度。他们对综合岗位的女性不约而同地采取了"有本事就来抢，我跟你一决胜负"的高压态度。当时很多人产生了疑问，比如："要我们选择综合岗位咬牙坚持的人真的是女权吗？"其实不是。我们的看法是："这是圈套，在这里找不到答案。"我认为这个法案割裂了综合岗位和普通岗位[2]女性，后来又进一步割裂了正式雇用和非正式雇用的女性，包括 2015 年施行的《女性活跃推进法》，**"男女雇用平等"的概念最终变成了促进企业把女人和男人都当驴使的工具。**

1　《男女雇用机会均等法》：指"确保男女两性在雇用时获得均等机会及待遇的相关法律"。1985 年制定，1986 年实施。法律规定，企事业单位在招聘、雇用、分配、晋升、福利、退休、离职、解雇等方面，不得以性别为理由制造差别。2007 年出台的修正案禁止企事业单位在妇女怀孕、育儿阶段给予差别待遇，禁止针对男性的差别待遇和性骚扰等。2017 年出台的修正案增加了禁止怀孕歧视的内容。

2　综合岗位和普通岗位：企业的不同岗位路线。1986 年《男女雇用机会均等法》实施后，企业等单位用于代替男女分开的雇用管理方式而导入的概念。一般来讲，综合岗位主要从事发挥判断能力的主干业务，普通岗位主要从事辅助性业务。这一概念刚出现时，一度被人揶揄"综合岗就是要跟男人抢饭吃""普通岗就是为了找对象"，形成对立的结构。根据日本厚生劳动省调查委公布的数据，2014 年度入职的综合岗位中，女性占到 22.2%，普通岗位的女性则占到整体的 82.1%。

我从来不认为女性主义是女人想当男人的思想。媒体总在传播错误的女性主义形象，还制造了诸如"女人帝国"这种讽刺概念，可是，学男人能有什么好处呢？学男人就是成为支配者、掌控权力、向他人施压、散播歧视，那样只会制造新的被压迫者和被歧视者。

两性研究者大泽真理[1]女士在日本政府出台《男女雇用机会均等法》时，就借一次演讲机会用英语表达了"这是一个量身裁制的法案"。她的表达能力之优秀，让我不禁惊叹。"量身裁制"是男士西装的制作方法，用来形容那个法案可谓一语中的。田房女士也提到过"世界上只有男人的衣服，所以就算不合身，我们也只能借来穿上"。[2] 其实你们表达的是同一种概念。女性都想工作，但并非都想穿男士西装！

田房　因为我们没有自己的衣服啊！

上野　女性都不想穿着男士西装工作，但是我们没有别的衣服。而均等法表达的概念，就是以男性的立场告诉女性："如果你能穿上这件衣服，我可以考虑接受你。"女性怎么会答应呢？我们追求的根本不是这个。我们心里想的一直是"做自己有什么不好？"。

新事物刚出现的时候，往往有人会用既有的价值观来解释。 所以那些大叔脑子一转，主张自身权利的女性就成了"想篡夺男人权力的女人"。我经历过很多同样的事情。比如我召集一批伙伴开研究会，男性前辈就会说："上野，你也要培养手下啊。"我从来没想过那种事。但是他这么一说，我就明白了。那个人组织研究会就是为了培养手下。

---

[1]　大泽真理（1953— ）：经济学家。著有《英国社会政策史——救贫法与福利国家》等。
[2]　田房永子《一个女人去了男人才去的地方》（东方出版，2015）。

第 五 章　我是女权主义者？

> 前辈！我也开了自己的事务所。
>
> 哦！！你可以瞒着老公干不少坏事了呀！
>
> 哈？？

他把自己的行为投射在了别人身上，实际上，他才是那个只能从上下级角度理解人际关系的人。强者对弱者的想象力十分贫乏，所以我想说，也必须说："女性主义是追求弱者也能得到尊重的思想。"

只有女性参战才算平等？

上野　有一部分女权主义者认为"男人能做的女人都能做"，用英语表达就是"Women can do it all"。女性也能当警察、消防员和士兵，同样可以上阵打仗。

田房　那就是只有当女性也能成为士兵，才是真正的男女平等，对吧？

上野 这一派系在美国比较多。虽然日本也有，但是**日本的女权主义与和平主义的关联更紧密。**美国的部分女性认为："如果男女平等，那女人也要上战场。"与之相反，韩国男性则会谴责国内的女权主义者："不服兵役[1]的人没资格说话。"服兵役是很苦的事情，男人也不是真的想去。所以韩国男性才会对女性怀有无名怨怼，认为"我们要服这种苦役，你们有什么资格要求平等"。这就是为什么韩国的反女权情绪比日本更严重，而且反驳方式也更偏激。

征兵制[2]国家真的很不一样，只待在日本可能感受不到那种气氛，大家都习惯了和平。而且，还有部分女权主义者主张"女人跟男人一起上战场才是男女平等"，我们也要跟那些人对抗。

田房 那就是女权主义者内部的斗争啦？

上野 主张"女人跟男人做一样的事才叫平等"很简单，但是反对的人就要给出更复杂的理论。

田房 要怎么反对啊？

上野 "既然说军队侵犯人权，那么就是侵犯了男性的人权，所以男性也应该跟我们一起站出来说'不'。"军队侵犯的不仅是士兵的人权，也侵犯了战争死难者的人权。军队是杀人机器，追求杀人机器的男女平等，这能叫女权主义吗？我觉得这种想法才算健康，然而不论男女，

---

1 **服兵役**：指进入军队完成一段时间的服役任务。
2 **征兵制**：国民到达一定年龄后，强制进入部队服役的制度。日本的征兵制始于1872年，到1945年废止。目前采用征兵制的国家有瑞士、韩国、朝鲜、以色列、伊朗等50多个国家。

第 五 章　我是女权主义者？

很多人都不这么想。他们只会坚持形式逻辑,说什么"这不符合逻辑啊,为什么女人不参军?"。中野翠[1]在海湾战争时期就质疑过,说女权主义者为何不坚持"女人也应该得到平等的参战机会"。真是太讨厌了。

学校能教女性主义吗？

田房　别看我现在经常发表女性主义言论,其实过去一直对它有误解。我一度认为女性主义是一群奇怪的女人对社会发泄私愤的行为。即使后来打消了对女性主义的误解,我依旧认为自己没有在大学学到过相关知识,轻易站出来谈论会遭到谴责。我认为,女性主义现在还是没有主体性就无法深入学习的领域,真希望学校可以传授这方面的知识。

上野　其实学校也在发生变化。学生名册现在是混合名册了吗?

田房　现在已经是男女混合了,而且再也没有"君"[2]的称呼,所有人都被称呼为"××同学"。

上野　现在男学生也参加家庭课的学习,对吧?这是全体家庭课老师努力的结果。

田房　女性主义的确逐渐融入了生活,但是社会上还找不到专门学习

1　中野翠（1946—）:专栏作家。著有《小津之爱》《无论多少岁都能乐享老年生活》等。
2　君:以前日本学校称呼男学生为"姓+君",女学生为"姓+同学"。——译者注。

这类知识的渠道。我认为这点造成了极大影响，导致人们缺乏一个能够对女性主义产生正面印象的接触点。

上野 是啊。别说女性主义，连近代史都没有好好教。

田房 我以前完全不知道通奸罪[1]，几年前知道后，感到特别震惊。明治时代是父权制、男性世袭制，"女人是为家庭生孩子的工具"，所以女人一旦跟丈夫以外的男性发生关系，就会被以通奸罪论处。这个法律从1907年开始，直到2017年才被修正，整整持续了110年，从来没有改变过。

通奸罪本身在1947年已经废除，但是明治时代认为女性婚后必须为丈夫守贞，不把女性当人看的观念一直残留到现在，甚至2019年还有人质疑强奸受害者："你有没有拼死抵抗？"（参照第167页表格）真是太气人了。为什么这种知识没有出现在教科书上呢？

---

1 **通奸罪**：有配偶的人与非配偶发生性关系的罪名。明治时代的旧刑法规定："有夫之妇与其他男性发生性关系时，该女性与该男性即犯有该罪状。"而有妇之夫与妻子以外的女性发生性关系时，若对方女性没有丈夫，则不会受到处罚。1947年刑法修订时删除了通奸罪条款，但是在民法上，通奸依旧是不法行为，受害者有权索赔。

第 五 章 我是女权主义者？

上野　刚才我们聊到我有一个熟人跟已婚男性搞办公室恋情，被对方妻子告上了法庭，那其实也是通奸罪的残留。过去只有丈夫有权起诉，现在变成妻子也有权起诉了。尽管如此，这条法律的深层原理依旧是"所有权侵害"，你说厉害不厉害（笑）？

田房　配偶又不是家里养的宠物……我们在学校学到的明治时代，全都是什么文明开化，流行吃西餐的印象。

上野　还有红豆面包的起源（笑）。

性暴力案件得到的无罪判决（判决时间皆为2019年3月）

起诉内容	审判地点·无罪理由	罪名
男性灌醉女性后与之性交。	◆ 福冈地方法院久留米分院：女性虽然处在无法抵抗的状态，但是过程中存在睁开双眼，几次发出声音的行为，导致被告误认为女性同意。	准强奸罪
男性强迫陌生女性为其口交，并导致该女性受伤。	◆ 静冈地方法院浜松分院（陪审团审判）：由于女性受伤，无法向被告清楚表明抵抗态度，因此判定被告不存在故意行为。	强制性交致伤罪
父亲与当时19岁的女儿性交。并且从女儿初中二年级开始对其实施性虐待。	◆ 名古屋地方法院冈崎分院：虽然被告没有得到女儿同意，且长年通过虐待等行为对女儿实施精神控制，但无法判定女儿处在无法抵抗的状态。	准强制性交等罪
父亲对当时12岁的女儿实施性暴力。并在约两年期间持续强迫与其发生性行为。	◆ 静冈地方法院：女儿声称父亲对其施暴，但是证词前后不一致，可信度较低。且当事人一家七口住在狭小的空间里，其间无一人察觉，显得不自然、不合理。	强奸罪

田房 没错没错（笑）。就只记得这些了。学校为什么不教教当时的女性遭到了什么样不公平的待遇呢？我们都生活在表面平等的社会，完全不知道女性前辈如何争取到了现在的环境。我们一直坚信"现代就是男女平等"，然而100年前社会还是那个样子，怎么可能说变就变，一下就彻底平等了呢？

上野 不过，那真的是能通过学校传承的东西吗？我觉得应该是在家庭中，从祖辈到母辈，再到自己这一辈传承的东西。

田房 这不好说啊，仅靠家庭传承有点困难……

上野 媒体也是一种教育渠道。《阿信》不就很有教育意义吗？

田房 上回我跟一个二十几岁的女性聊天，对方竟然说："现在已经男女平等了，女权主义者还对男性咄咄相逼，导致男性在女性面前畏首畏尾，这反倒让我们很为难。"当时我就认为，我们应该保证历史的传承。

上野 你问她："那你想想，如果男人不再畏首畏尾了，你会变成什么样子？"津田塾的女大学生也说过同样的话。"自从人们开始重视性骚扰问题，男人就变得小心翼翼，增加了工作难度。"**于是我对她说："如果男人不再小心翼翼了，你觉得会发生什么？""你会被人摸屁股，捏胸部啊！"**

田房 就是，强者不会同情弱者！以前在办公室被上司摸屁股好像很正常。

上野 我说男人小心翼翼才正好，对方只回了一个"哦"（笑）。

战斗应激反应的问题是同性友爱的象征

上野 历史教育很重要。不仅是女性主义和性别观念，包括战争也一样。现在学校好像都不太提及战争。

田房 NHK的连续剧经常出现男人从战场回来的场景，然而他们都会毫无困难地重新融入社会。每次看到这种场景我都会想：这怎么可能啊？经历过生死厮杀的环境，肯定会受到常人难以想象的心理创伤，人会变得更暴躁、更凶残才对。包括女人也是，如果经历过空袭，有时会发生记忆闪回，然后突然爆发，做出奇怪的行动。看电视剧归看电视剧，人们还是应该了解这些事实。

上野 直到最近，与战争体验和家暴相关的事情总算成为主题。日本一直隐瞒士兵的战斗应激反应，说什么"我们军队没有那种懦弱的士兵"。后来美国出现了阿富汗战争退伍军人的家暴问题，[1]人们回溯历史，才发现日本也有很多案例。

有意思的是，现在的年轻研究者开始对祖父母那一代展开研究了。孩子与父母的直接关系太深，因此可能无法将其作为研究对象。让学

---

[1] 旧金山复员军人医疗中心的研究团队对103788名复员军人的数据进行分析，发现从阿富汗和伊朗回国的退役军人中，有四分之一被诊断出精神障碍。若将精神障碍的范畴扩大到家庭暴力，其比例则高达31%。（参考：AFP BB https://www.afpbb.com/articles/-/2194462）

生"记录母亲的生活故事"可能很困难,但转而要求学生"记录祖母的生活故事"就非常容易了。

中村江里[1]女士是一位30多岁的研究者,她就撰写了关于日本士兵战斗应激反应的博士论文。战败后,日本国立陆军医院的精神科医生接到命令,要求他们彻底销毁军方司令部的资料,但是有人偷偷藏了8000份病例,将其深埋在地下。她将这些病例做成数据进行分析,最后写成了《战争与创伤》这本书。NHK教育频道的"ETV特集"以这本书为基础制作了一期节目,《被隐瞒的创伤——8000名精神障碍士兵的记录》。这成了第一个关于在战争中受到精神创伤的士兵的电视节目。当时军方认为出现战斗应激反应的士兵是军队之耻,完全隐瞒了他们的存在。那些士兵恢复后孤苦无依,失去了家,也无法回到故乡,部分人在医院过了几十年,直到死去。

田房 果然有人患上了PTSD(创伤后应激障碍)呢。那么,会不会还形成了家暴形式的暴力连锁呢?

上野 当然有。许多退伍军人的妻子都记得丈夫打仗回来后总是做噩梦,情绪不稳定。其中肯定也有一部分人对妻子拳脚相加。日本政府给上过战场的伤残士兵发放军人补贴[2],然而针对精神创伤的人,就要由医生判断是因为自己的过失还是从军的经历,并根据此判断来发放补贴。

---

1 中村江里(1982—):社会学者。著有《战争与创伤》等。
2 军人补贴:对曾经是军人和公务员的人及其遗属发放的养老金补贴。根据日本总务省统计,令和元年的补贴领取者预计为27万人,预计总额1980亿日元。

第五章 我是女权主义者？

（压——）

田房 都打过仗了也可能拿不到？好过分。

上野 本来就患有精神疾病或是智力障碍的人也被征兵派上了战场，但是这些人就领不到补贴。因为他们就算不上战场也患有那些疾病。

田房 不对不对不对不对。唉……不过隐瞒事实这种行为真的是男性友爱的典型呢。"我们绝不示弱"之类。

上野 没错，没错，没错。

田房 但是隐瞒这件事造成了太大的伤害。而且是以国家为主体连续隐瞒了几十年才会变成现在这样，包括性别观念也一样。当时可能没有条件治疗，哪怕后来慢慢添加合理的看护和 PTSD 治疗，现在的情况肯定也大不一样了。

女性主义是
让女人坦然接受
并爱上女人身份的思想

上野 田房女士,你刚才说到重点了。隐瞒弱点,有个专门的词叫作"weakness phobia"(恐弱)。我把它解释为"无法承认弱点的弱点"。男性最受不了被别人说"胆小鬼""弱鸡",仅仅因为这个,他们就会舍身赴死。我在右翼的女性中也能看到这个特征。她们是女性中的恐弱者,非常忌讳女性是弱者的说法。换言之,她们都是被男性友爱的社会同化的女性。

田房 我现在终于想明白了。在此之前,我一直无法理解右翼女性的主张,真的一句话都听不懂,原来是因为这个啊。

上野 她们无法容忍与自己同为女性的人表达受害者立场。

田房 那真的很吓人。

上野 女人一旦被男性友爱的社会同化,不仅无法承认自己的弱点,还无法容忍女性同胞是弱者。

田房 那是"厌女"[1]吗?

---

1 厌女(misogyny):"厌女在男性和女性群体中有不同的体现。男性体现为'蔑视女性',女性则体现为'自我厌恶'。"(参考:上野千鹤子《厌女》,纪伊国屋书店,2010)

第 五 章　我是女权主义者？

上野　无法容忍女性的弱点，不就是彻头彻尾的厌女吗？很多女儿都会同情被父亲支配的母亲，同时又无法容忍母亲的唯唯诺诺，对吧？**因为她们同为女性，看到女性同胞的弱点会痛苦不堪，同时产生憎恶。**很多女性都因为厌女而向男性过度同化，希望得到男性的认可。比如杉田水脉[1]，还有稻田朋美[2]。

田房　我觉得很奇怪，她们好像都散发着相同的气场，看起来特别像。不过，女权主义者里也有厌女的人吧。

上野　如果有人问："上野老师厌女吧？"我会回答："是呀。"如果我100%不厌女了，就没必要当女权主义者，因为我再也不需要斗争了。女权主义者，就是不断与内在的厌女心理做斗争的人。

田房　您说过，厌女是"男性体现为'蔑视女性'，女性则体现为'自我厌恶'"，对吧？

上野　对，所以我一直以来都在尝试与自己和解，现在已经轻松了许多。**对女性来说，女性主义就是自我和解的战斗。**出生在这个世界上，没有一个女性不厌女。如果真的存在不厌女的女性，她们就不需要成为女权主义者。所以如果有人问我是否厌女，我会爽快承认。女性主义就是女人接受自己、爱自己的思想。现在我觉得，如果有下辈子，我更愿意当女人。

1　杉田水脉（1967— ）：自由民主党旗下的众议院议员、新历史教科书协会理事。
2　稻田朋美（1969— ）：自由民主党旗下的众议院议员、律师。

我是女权主义者！

田房 上野老师还提到过"如果不从厌女出发，就不存在女权主义者"。或许女性与自我厌恶做斗争，就是成为女权主义者的第一步。

现在，社交网络上也有很多匿名用户自称女权主义者，而且她们的内讧也越来越常见了。比如，"这家伙说过这种话，不配当女权"，或是根据自己的理解质疑"这个人到底懂不懂什么是女权"。一旦认为"她不懂"，就要对其锤之又锤。我也遭到过这种待遇，真的特别厌恶这样的风气。

上野 请你回忆一下我们的历史，我们从来不说"你不是女权"，而是一直坚持"女权是多种多样的"。为什么呢？因为女权有很多问题无法简单回答。女权不是投一枚硬币就能显示出正确答案的答题机器。带孩子上班是好是坏、女人是否应该上战场、是否要在综合岗位上咬牙坚持？这些问题我们争论了很久。**女权是不害怕争论的思想。**可是，如果在推特之类的社交网络空间争论，就会变成纯粹的诽谤中伤，不能叫争论了。

田房 只是纯粹的互相谩骂，从中只能看到恶意，看不到任何成果，而且自己好不容易争取到的立足之地也会越变越窄。更何况，无关人士看到这些谩骂，心里也不会有好印象。

上野 思想在争论中得到磨炼。别人会指出自己论点的缺陷和边界，自己也可以通过理解对方来抓住对方论点的贫弱之处，从而越过对立，

第 五 章　我是女权主义者？

开拓新的论题。美龄论争[1]和女性史论争[2]都极大地锻炼了我们。与只会谩骂、讥讽的男人的世界相比，女权不惧怕争论，还会与论敌并肩作战。

田房　现在一部分人压根儿不认真讨论女权主义者的定义，只按照自己的解释来判断谁是女权、谁不是女权。真是太让人伤心了。

上野　**女权主义者是自主申告的概念，只要一个人说自己是女权，她就是女权。** 就算我不愿看到某个人说自己是女权主义者，也不能阻止她这样做。

田房　对啊，这就是女权啊。

上野　**女权是多样的，可以说一人一派，甚至更多。** 不同的思想会互相碰撞，但从不存在正统和异端之分。你有独特的表达能力，但我使用的话语九成以上都是他人之言。我读了很多，学了很多，从那些知识中借用了我需要的东西。我自己想出来的话语，其实少之又少。借用他人之言并非坏事，因为话语需要传承。从别人那里借过来，自己想明白了，然后成为自己的东西，这样就好了。"男性友爱"和"厌女"

---

[1] 美龄论争：1988年，歌手陈美龄带哺乳期的孩子到电视台"上班"，引发是非争论。淡谷纪子（歌手）、林真理子（作家）、中野翠（专栏作家）等人站出来批判。上野千鹤子则表示支持，认为"每个工作的母亲都得带着孩子啊"。

[2] 女性史论争：由村上信彦《明治女性史》全四卷（1969—1972）及其方法论的提示引发的日本女性史论争。《明治女性史》是第一部试图全面把握明治有名、无名女性的生活、婚姻、教育、职业、意识变化等内涵的著作。其作者村上在书中批判了井上清的《日本女性史》（1948），认为那是现在人们眼中的"解放史"，并掀起论争。（参考：古庄由纪子《试论近代女性史的方法》）

这些词都不是我的，是我从伊芙·塞吉维克[1]那里看到，觉得"这个有用！"，然后借过来并传播出去的。我们积累了很多他人之言，这些都是我们共有的财产，这就是女性学·性别研究。

田房 我希望这些都能传承下去。等轮到我们上场时，就大张旗鼓地使用。

上野 我记得每一样借来的东西，在我之前站起来的姐姐和阿姨都是我的恩师。很多人一直对我说，打着女权主义者的旗号会影响作品销量，甚至会被针对，但我一直没有舍弃这个名号，就是为了不忘记她们。我每次发言都会带上原始创造者的姓名，比如"大泽真理说这是一个量身裁制的法案""塞吉维克提出的男性友爱概念"等等。有效的表达在听到的瞬间就会让人豁然开朗，你说的"A面B面"就是这样，能帮助人们一下子就很清楚地理解社会结构。这就是学问的创造，所以我们不能忘了前人的恩泽。

还有一点，一直有人批判女性主义使用了外来的概念，而且我们说的"女性主义"（feminism）本身就是一个外来词。"性骚扰"（sexual harassment）、"家暴"（domestic violence）全都是外来词，而不是"A面B面"这种原生的表达。包括"男性友爱"（homosocial）和"厌女"（misogyny），也都是如此。我们直接用了音读，而没有翻译成日语词，或许算是一种怠慢。结果，音读的词汇就这样普及出去了。然而，这

---

[1] 伊芙·塞吉维克（1950—2009）：美国文学研究者。将男性相爱称为"homosexual"，与性爱无关的男性关系称为"homosocial"，以进行区分。著有《男人之间：英国文学及男性同性欲望》《"柜"的认识论》等。（参考：上野千鹤子《厌女》，纪伊国屋书店，2010）

第 五 章　我是女权主义者？

真的值得批判吗？

有一位学者名叫佳亚特里·斯皮瓦克[1]，她出生在印度，后来去了哥伦比亚大学担任英语文学教授。印度曾是英国的殖民地，她是在那里成长起来的精英，修习英语文学后去了美国。如果把她通过英语学到的知识抛开，就不存在现在的她。因为她的英语素养已经深入骨髓。

有一次，我参加了一个女权主义者的学术集会，会上提到了"性别"概念的议题。"性别"（gender）的语源是法语语法用词"genre"。法语名词分为阳性词和阴性词，但是英语和日语词汇都没有阴阳之分。那次集会上有一位法国的女性研究者，对来自英国的性别研究者发难："英语里本身不存在性别概念。"然后，那个人又对参加集会的日本人说："日本人更是与性别毫无关系。"她真的好讨厌啊（笑）。当时斯皮瓦克的反驳可谓大快人心。她说：**"无论概念来自何处，都要物尽其用。"**

田房　哇！

上野　是不是很酷？

田房　太酷了！！

上野　我听了特别激动，暗自决定："好，下次我也这么说！"这就是学习的过程。这些人聚集在一起，自称"我们是女权主义者"。我得到了她们的恩泽，为了不忘记她们，今后我也会继续坚称"我是女权主义者"。

1　佳亚特里·斯皮瓦克（1942—　）：印度批评家。著有《底层能说话吗？》《后殖民主义思想》等。

对谈之后　田房

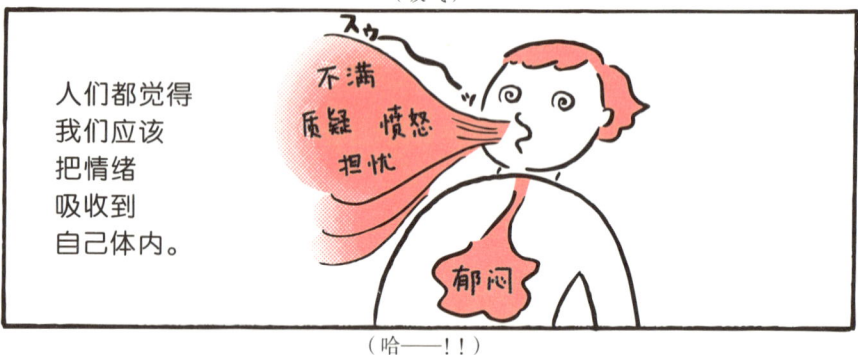

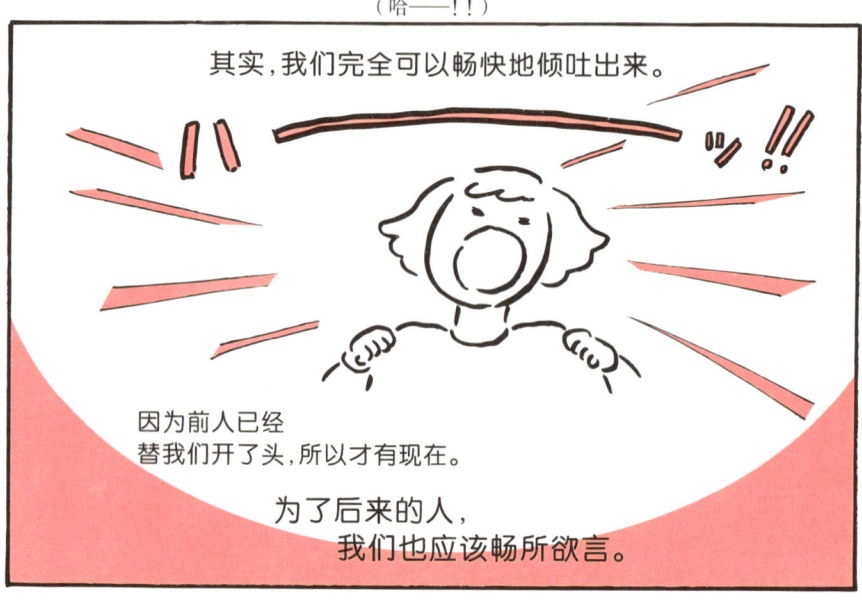

与上野老师结束对谈后,我有这样的感想

> 我们要大声说出自己对社会的不满,说出自己觉得不对的地方。

（吸气）

人们都觉得我们应该把情绪吸收到自己体内。

不满　质疑　愤怒　担忧

郁闷

（哈——!!）

其实,我们完全可以畅快地倾吐出来。

因为前人已经替我们开了头,所以才有现在。

为了后来的人,我们也应该畅所欲言。

结语

这次虽然是与田房女士初次见面，但我对她已经有种亲切感了。

在此之前，我已经读过田房女士的著作，比如《一个女人去了男人才去的地方》。通过作品，我了解到田房女士是一位直爽、精确，而且感性的人。后来，我得知田房女士的本职是漫画家，又读了她的一些漫画作品，发现她以一种惊人的诚恳和真挚，面对自己与母亲的关系、育儿问题和夫妻之间的关系。

当田房女士提出合作时，我很高兴地答应了。

田房女士是婴儿潮次世代，我是婴儿潮世代，正好有母子的年龄差。也就是说，田房女士的母亲与我是同一辈人。田房女士漫画中提到的"毒母"让我深有同感，可以想象她的经历绝非个体经验，而是那一代人的共同经验。其实女性主义也提出过"个人的即政治的"这条标语，一直在思考男女关系的矛盾和亲子之间的纠葛。可是那一代的人成为父母后，又变成了针对孩子的加害者。

很久以前，女性主义就非常重视"母女"这个议题（然而心理学只谈论父子和母子的议题）。读了田房女士的作品，我不禁思考：婴儿潮世代也有母亲，为何那一代母女的纠葛没有发展成"毒母"这种"支配与控制"的形式？那可能是因为，再上一代的母亲们实在过于无力了。女儿们痛恨母亲的无力，都把母亲当成了反面教材，所以婴儿潮世代成为母亲后，就充满了能量。可是，那些能量找不到发泄渠道，不约而同地转向了自己能够控制的弱者，那个对象就是孩子，尤其是女儿

（儿子当然也很痛苦，可是为什么那些儿子没有像田房女士那样站出来，坦率地表达自己对母子关系和父子关系的思考呢？这真是个谜）。

　　再后来，田房女士这一代人也成为了父母，而且田房女士还有了女儿和儿子。她彻底敞开了自己的感性，绝不容忍糊弄（因为对糊弄最敏感的就是孩子）。她与丈夫和孩子的真诚交流令人感动不已。她的作品表达了一个观念：每个人都是不成熟的，都要学习如何为人父母，如何处理夫妻关系，孩子也要学习如何成为一个大人。也就是说，不是结了婚就能成为夫妻，不是生了孩子就能成为父母。

　　婴儿潮上一代的女性只有结婚这个选项，而婴儿潮世代的女性虽然有别的选择，但是选项背后的道路都被封死。至于婴儿潮次世代，则被迫同时选择了婚姻和事业。我很想知道，这一代人养育的孩子，将来又会面临什么？社会学者的好奇心难以抑制，因此我希望自己能多活几年。

　　这场对谈持续了一整天，过程非常有趣，始终停不下来。我希望各位读者也能体会到这个乐趣。在此，我要感谢制造了这个宝贵机会的铃木萌编辑，更要感谢与我对谈，而且表达能力丰富、创作了许多漫画作品的田房女士。我在正文中屡次感慨，田房女士自己创造的言语表达十分惊艳。她拥有如此高超的表达能力，又掌握了漫画这种表达方式，其能量不可小觑。因此，既不会画画也不会唱歌跳舞的上野，十分庆幸自己能把想要表达的信息传达给这位才华横溢的年轻女性。

上野千鹤子

图书在版编目（CIP）数据

从零开始的女性主义 /（日）上野千鹤子,（日）田房永子著；吕灵芝译 . — 北京：北京联合出版公司，2021.9（2023.3 重印）
ISBN 978-7-5596-5231-7

Ⅰ.①从… Ⅱ.①上… ②田… ③吕… Ⅲ.①妇女学－普及读物 Ⅳ.① C913.68-49

中国版本图书馆 CIP 数据核字 (2021) 第 066435 号

从零开始的女性主义

作　　者：[日] 上野千鹤子　田房永子
译　　者：吕灵芝
出 品 人：赵红仕
策划机构：明　室
策 划 人：陈希颖
责任编辑：孙志文
特约编辑：陈希颖
装帧设计：尚燕平

北京联合出版公司出版
(北京市西城区德外大街 83 号楼 9 层　100088)
北京联合天畅文化传播公司发行
北京市十月印刷有限公司印刷　新华书店经销
字数 126 千字　880 毫米 ×1230 毫米　1/32　6 印张
2021 年 9 月第 1 版　2023 年 3 月第 16 次印刷
ISBN 978-7-5596-5231-7
定价：52.00 元

版权所有，侵权必究
未经许可，不得以任何方式复制或抄袭本书部分或全部内容
本书若有质量问题，请与本公司图书销售中心联系调换。
电话：(010) 64258472-800

UENO SENSEI, FEMINISM NI TSUITE ZERO KARA OSHIETE KUDASAI!
Copyright © 2020 Chizuko Ueno, Eiko Tabusa
Chinese translation rights in simplified characters arranged with
DAIWA SHOBO CO., LTD.
through Japan UNI Agency, Inc., Tokyo
Simplified Chinese edition copyright © 2021 Shanghai Lucidabooks Co., Ltd.